传统文化校本课程项目式
学习的探索与实践

庄莉　著

东北师范大学出版社
NORTHEAST NORMAL UNIVERSITY PRESS

图书在版编目（CIP）数据

传统文化校本课程项目式学习的探索与实践 ／ 庄莉
著 ． -- 长春 ： 东北师范大学出版社，2023.6
ISBN 978-7-5771-0300-6

Ⅰ．①传… Ⅱ．①庄… Ⅲ．①中华文化－教学研究－
小学 Ⅳ．① G623.202

中国国家版本馆 CIP 数据核字（2023）第 110648 号

Chuantong Wenhua Xiaoben Kecheng Xiangmushi Xuexi De Tansuo Yu Shijian

传统文化校本课程项目式学习的探索与实践

责任编辑：包瑞峰　封面设计：宋汝冰

责任校对：刘　洋　责任印制：许　冰

东北师范大学出版社出版发行

长春净月经济开发区金宝街 118 号（邮政编码：130117）

电话：0431-84568126

网址：http://www.nenup.com

武汉市盛宏源印务有限公司制版

武汉市盛宏源印务有限公司印装

湖北省武汉市硚口区古田三路古乐路特 1 号

2023 年 6 月第 1 版　2023 年 6 月第 1 版第 1 次印刷

幅面尺寸：170mm×238mm　印张：14.25　字数：185 千字

定价：65.00 元

― 目 录 ―

绪论

岁时节庆

文房四宝

匠心手艺

文化习养

绪 论

传统文化校本课程项目式学习研究的背景

中华传统文化的复兴，已经成为中国建设社会主义文化强国的重要基石。自 2014 年教育部制定并发布《完善中华优秀传统文化教育指导纲要》，2017 年中共中央办公厅、国务院办公厅印发《关于实施中华优秀传统文化传承发展工程的意见》以来，党对中华优秀传统文化重要性的认识进一步深化，进一步明确了中华优秀传统文化教育的发展方向，对传承中华优秀传统文化的组织实施和保障措施有了具体部署。因此，在学校层面应该多开发中华传统文化校本课程，营造浓厚的中华传统文化学习氛围，为实现中华民族伟大复兴助力。

在这种背景下，各地学校开展活动形式繁多，但单一、僵化、训教的形态亟待变革。厦门市大同小学创办于 1906 年，从光绪年间的两等小学堂[1] 发展至今，这所百年老校，历经艰难，有过辉煌，而今遇到了发展瓶颈。2016 年，基于教育改革立德树人的目标，厦门市大同小学开始开展本项目研究，110 岁的大同小学要回答的问题是：百年老校如何传承和弘扬中华优秀传统文化？如何创造性转化与创新性发展传统文化？学校就这些问题提供了具有实践性、操作性的实践模型。

为什么要运用项目式学习方式进行项目改革？由于传统的中华优秀文化学习，往往忽视中华文化的综合性、融通性特点，对中华文化的认识缺乏深入的理解，始终停留在比较低的水平，更谈不上弘扬中华传统文

---

[1] 两等小学堂：清末设立的小学堂，一般分为初等（相当于小学）和高等（相当于初中）两种。初、高等合并设立的则称为"两等小学堂"。

化、为未来文化创新奠定基础、培育青少年的文化创造力。项目式学习是一种教与学的方式，聚焦中心概念和原理，将中华优秀传统文化的知识内容转化为真实问题、真实任务，并通过一系列的实践体验、探索创新，引导学生积极学习，自主进行知识的建构。在项目式学习过程中，学生需要运用信息分析、自主创新、小组合作、动手实践等手段跨学科解决实际问题，并在解决问题的同时理解中华优秀传统文化，为传承和弘扬中华优秀传统文化奠定基础；此外，项目式学习成果是对中华优秀传统文化的创造性诠释，可以是一种产品、一项服务、一个系统，并有可行的实施方法，对激发学生创新意识、培养其创新能力有重要作用。本书所谈的教学改革是对中华优秀传统文化育人价值的深度开发，并借由项目式学习的教学变革，转变教与学的推进模式，以期形成可供推广的研究经验与范式。

2022 年 4 月，全新发布的《义务教育课程标准（2022 年版）》将"中华优秀传统文化"列为语文课程的首项主题和载体，其中提出的创造性转化和创新性发展要求、求大同等核心思想理念，都与本成果的理念、内涵、内容相耦合，印证了本成果的研究价值。

传统文化校本课程项目式学习的过程与方法

一、传统文化育人存在的问题

1. 内容窄化：呈现出单一、刻板、训教等问题。教学内容单一，说教多，训教意味浓。

2. 方式僵化：缺乏实践体系，低效。缺乏体验、实践，对学生探究能力的培养不足。

3. 评价方式泛化："面面俱到"，评价笼统。没有科学的指标和体系，无法体现学生的创新思维与成果。

二、解决问题的过程与方法

（一）课程建设阶段，解决育人内容窄化的问题（2016 年 2 月至 2018 年 12 月）

本阶段针对传统育人内容单一、刻板、训教的问题，提出努力建构中华传统文化课程体系。

1. 提炼"大同·中华文化课"课程中"大同文化"内涵

围绕立德树人根本任务，融入厦门市大同小学百年传承的精神传统，凝练出"大同文化"核心内涵：以家国情怀为核心，融入文化传承、大同理想、责任担当、劳动品格的思想体系。同时，遵循学生认知规律和教育教学规律，按照一体化、分学段、有序推进的原则，把"大同文化"全方位融入思想道德教育、文化知识教育、艺术体育教育、社会实践教育各环节，多层次提炼"大同文化"核心内涵，初步构建中华文化校本课程和教材体系。

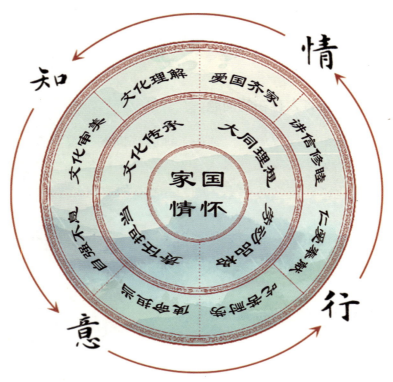

"大同·中华文化课"的"大同文化"内涵

2. 开发《爱上我们的文化》系列校本课读本

2016 年，学校开始组织开发校本阅读教材；2018 年 12 月，完成开发"爱上我们的文化"系列校本课程读本（1 套 4 册），根据学段特征及能力要求、品质内化程度，具体化学科课程、教材设计，形成独特的"大同文化"校本课程。这套读本将安排在小学三到六年级使用，每个年级安排 38 课时，总计 152 课时，列入学校校本课程安排表。该读本的主题不仅涉及中华文化中的民俗、技艺、文化、思想等，还以漫画等生动活泼的形式来展现内容，同时读本中还巧妙地设计了一些问题，引导学生思考领会，既有趣味性又极具知识性。

（二）项目式学习实践阶段，解决育人方式僵化的问题（2019 年 1 月至 2020 年 1 月）

本阶段主要针对的问题是：传统育人方式缺乏实践体系，低效，缺乏体验、实践，对学生的探究能力培养不足。学校通过构建项目式学习理念与方式，整合学科与活动、课内与课外、学校与家庭资源，确立了进阶系统和实施路径，联通物理空间，丰富学习方式，整体改造学习生态。

1. 实施"育人活动课程化"，形成实施路径和管理模型

依据项目式学习理念与方式，通过以下途径实现"育人活动课程化"：建设"家国情怀、文化理解、创造意识"的校本课堂；实施"项目导向、过程创生、评价优化"的跨学科学习；形成"探究、服务、实践、劳动"的社会服务活动模式；形成"中华文化课→项目式学习活动实施→成果辐射"相耦合的实施路径；营造"校园→优秀文化→社会"相交融的文化导向氛围。

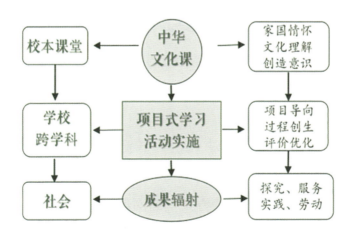

"大同·中华文化课"实施路径

2. 创新开展项目式学习

以项目式学习为主要依托，开放大问题，围绕"探究起点—探究主题—探究方式—探究结果"深度探索，引导学生发现问题、创造性解决问题。

创设真实情境，鼓励学生进行探索创新。引导学生寻找传统文化与现代生活的连接点，开发文创产品。以"一起玩文创：寻找传统文化的现代表达"主题式校本课程为例，它以"如何设计一款小学生喜爱的文创产品"为驱动问题，学生在探究传统文化的同时，探求更加丰富、广阔、真实的问题，进而提升他们的思维品质，培养其综合能力。

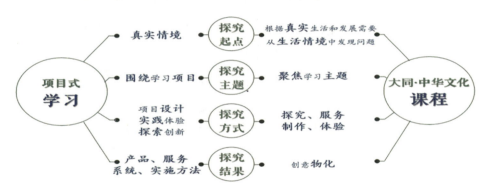

"大同·中华文化课"行动依托

探索项目评价工具，形成融合各个阶段的过程性评价手册——《项目式学习行动手册》，举办省（市、区）级现场汇报会，验证手册的使用效果，提升活动开展的效度。

（三）评价建设期，解决评价方式泛化的问题（2020 年 2 月至 2021 年 12 月）

本阶段主要针对传统评价方式"面面俱到、笼统"的问题，提出在积极探索"同文化·五色少年"评价项目的基础上，以"形成文化记忆，增进文化理解，提升文化自信"为传统文化教育的评价目标，将传统文化融入学生发展、校园文化创建中的构想。例如：推进"微行动"实践，利用"雷锋日"，开展"我是第 N 位雷锋精神传递者"活动；通过行善打卡，让"微善"之举蔚然成风；开展"同砺童进·劳动最美"五一劳动主题实践活动，将仁爱孝悌、勤劳节俭等中华传统美德真正融入学生的日常生活中。同时，学校还开展小志愿者服务，所有的学生在校期间都要完成 100 课时志愿服务，践行中华传统美德。

最终，形成以"大同文化"为核心的校园文化，形成具有"大同灵魂"的校园文化品牌，全面推进全国文明校园品牌创建。

传统文化校本课程项目式学习的主要内容

一、构建"大同·中华文化课"课程体系

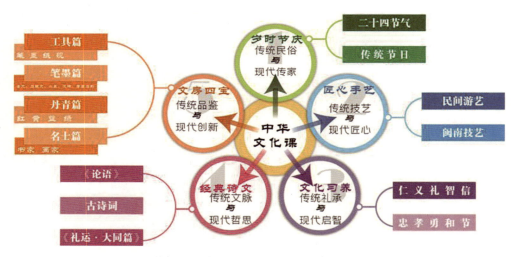

"大同·中华文化课"课程内容图谱

（一）课程目标

本课程旨在通过相关中华传统文化教育，滋养学生的灵魂，陶冶学生的情操，助其开启心智，提升志趣，从而激发他们的爱国情感，传承民族精神。

（二）课程内容

本课程面向小学三至六年级的学生，每个年级的课程内容都由"岁

时节庆""匠心手艺""文化习养""经典诗文""文房四宝"等五部分组成，每部分有 6 或 8 课时，各年级每部分之间形成彼此联系承接、由浅入深的知识与实践体系。

"岁时节庆"——传统民俗与现代传家。教师引导学生通过阅读、查阅资料、调查等形式，了解二十四节气的名称，知道二十四节气名称的由来、气候特点及古人划分节气的依据；通过课内学习和课外实践了解重大节日的由来和民间习俗，感受传统节日的人文魅力，在体验传统民俗的过程中感受中国人融进血液里的传家情怀。

"匠心手艺"——传统技艺与现代匠心。教师引导学生围绕答嘴鼓、非遗漆线雕等闽南技艺，纸鸢、蹴鞠、投壶等民间游艺，了解技艺中的匠人故事、游艺里的百趣千奇，感受时代所需的匠心精神。同时，指导学生通过网上调查、社会考察、实地采访等方式，收集、整理、分析相关资料，了解当地的传统文化和文化特色，感受劳动人民的智慧与魅力。

"文化习养"——传统礼承与现代启智。这部分重在习礼养人、以德树人、礼承传统、智启人生。教师引导学生聚焦"仁义礼智信，忠孝勇和节"，习礼仪，传家风，增智理，立志向。学生学习与传统文化相关的历史名人、时代楷模、新时代榜样的人格魅力与精神境界，借助历史佳话和身边榜样人物，深化礼仪认识，促发人格养成，行知合一。

"经典诗文"——传统文脉与现代哲思。以《论语》、古诗词和《礼运·大同篇》作为各学段学习的基础内容，三年级的主题为"虫鱼鸟兽"，四年级的主题为"草木芬芳"，五年级的主题为"山水童真"，六年级的主题为"日月星露"。教师引导学生在"名篇赏析、译文解读、名人故事、背诵誊写"的整体学习中，品味中华民族语言的奥妙，聆听古代圣贤关于做人、处事的语重心长的教诲，夯实文化底蕴。

"文房四宝"——传统品鉴与现代创新。这部分展现历代文人墨客留下的精品之作，包括"工具篇""笔墨篇""丹青篇""名士篇"等四大方向，教师引导学生认识文房四宝，了解与之相关的有代表性的名人志士，领悟其智慧、风骨、胸怀、操行，使学生步入民族文化的艺术殿堂，获得千古美文的文学滋养，树立正确的人生目标，为塑造人生信念奠定基础。

二、建构"课程＋项目化"实践体系

建构"课程＋项目化"的实施体系，打破学科壁垒，以项目式学习作为核心凝聚点，结构化、多样化、全方位地进行学科整合，提出具有可操作性的中华优秀传统文化创新发展路径，弥补一般传统文化育人项目"单一、刻板、训教"的问题；依托"爱上我们的文化"课程、"民俗文化·天下大同"研学项目，结合项目式学习探究的实施，让传统文化育人落地，在继承中华优秀传统文化的同时，培养学生的创造精神。

制定课程图谱，明确各个环节的阶段性任务。基于中华文化课的项目式学习的阶段目标，以项目式学习的实施流程为节点，制定学生应达成的知识、能力和情感发展目标。

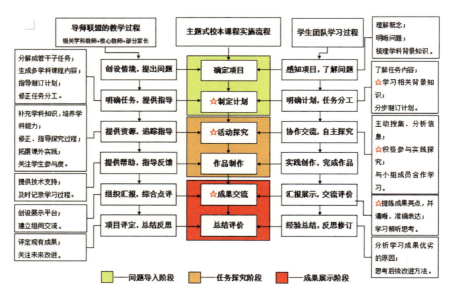

基于项目式学习的"大同·中华文化课"实施图谱

确立"项目导向→过程创生→评价优化"的项目化实践路径。实施流程分为三个阶段：驱动式问题导入阶段，包括确定项目、制订计划；主题任务探究阶段，包括活动探究、作品制作；项目成果展示阶段，包括成果交流、总结。同时，创建项目式学习评价方式，设计《项目式学习行动手册》两册，深化实践并形成"评价引导＋诊断聚焦＋成果分享"等项目化评价实操工具。

"爱上我们的文化"课程项目组分年级设置主题，以具有研究意义的驱动问题，引领学生深度学习，在跨学科应用中体会传统文化的美，实现文化习得、文化践行。

一年级以"过一个有仪式感的传统节日"为主题，从"节气民俗·传统节日的前世今生""节气诗赋·天地节律的韵味之美""节气物候·时间自然的中国智慧"等维度，以"为传统佳节中坚守一线的劳动者设计别致的感谢与祝福""设计一本传统节日仪式实用手册""设计符合传统习俗的新时代节气劳动"等驱动问题，带领学生走进生活百科全书，探究岁时节庆中蕴含的中华传统文化。

二年级以"穿越时空的传统技艺"为主题，从"传统技艺工艺馆·惊艳时光""匠心永存、传统技艺游艺堂·巧夺天工""匠心独具、传统技艺竞技场·棋逢对手，将遇良才"等维度，以"我为布袋木偶戏设计Q版盲盒""寻找藏在中国古典益智玩具中的数学密码"等驱动问题，带领学生从惊艳时光的技艺中体验匠心永存。

三年级以"我是传统礼仪学家"为主题，从"与礼同行，礼传千古""时代说礼"等维度，以"我来制作中华礼仪秒懂百科""中华传统体育项目怎样从礼仪演变成游戏""国风礼仪潮牌出圈记""设计一本童趣传统礼仪实践手册""设计中华传统礼仪游戏牌"等驱动问题，带领学生传承中华优秀礼仪，争做文明时代榜样。

四年级以"文房寻宝记"为主题，从"深沉存雅堂·品鉴""秉承亘古奇·传承"等维度，以"非遗匠人图鉴""中国元素的'砚遇'""笔墨纸砚的前世今生""当折纸遇上数学"等驱动问题，引导学生挖掘笔、墨、纸、砚中藏着的有趣秘密，发挥他们的奇思妙想，演绎文房四宝中精美绝伦的艺术中国，发掘文房四宝中惊艳众人的传统文化。

五年级以"一起玩文创"为主题，将"如何设计一款小学生喜欢的文创产品"作为驱动问题，引导学生聚焦"开发设计文创产品"，开展跨学科学习。学生在一起玩文创的过程中，获取文化中蕴含的正能量，在分享研究过程与设计理念的过程中，展现对传统文化的智慧理解，增强文化自信。

六年级以"社会担当"为主题，开展"敬惜一粒米"项目式学习，引导学生践行适合日常行动的节粮"微改变"，培养学生勤俭节约的好品质，学生在"稻米春秋——诗词里的田间农事""粮食里的数学问题""田间劳动的竞技游戏""白白的大米哪里来""大米成长小绘本"等散点知识的任务驱动下启智。项目多样、真实场景、学科融合的课程样态，让学习深广兼具。

三、形成"精""准"评价管理模型

根据《加强和改进中小学中华优秀传统文化教育工作方案》的目标要求，以"形成文化记忆，增进文化理解，学会文化表达，提升文化自信"作为传统文化教育的评价目标，将"传统民俗与现代传家、传统技艺与现代匠心、传统礼承与现代启智、传统文脉与现代哲思、传统品鉴与现代创新"的评价内容与"黄、赤、青、黑、白"的"中华五色"标识内涵结合，图示化呈现评价等次。

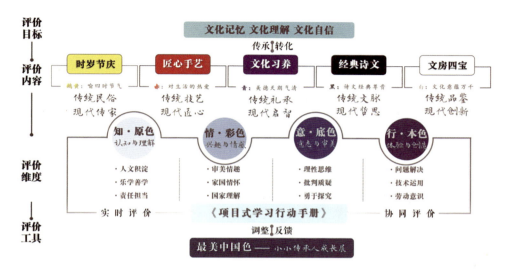

"大同·中华文化课"的"中华五色"评价框架

评价体现"精""准"。"精"即不细化到课程实施的全过程进行评价，避免耗时过长、精力分散等情况，只聚焦项目式学习中的三个重要阶段，"制订计划、活动探究、成果交流"，进行评价跟踪。关注每个学习阶段中不同学生的发展需求，选择其中一个关键性节点作为最重要的学习任务，对学生进行学习方式的指导。

"准"则指每个阶段的评价从"知识梳理、过程记录、阶段评价"三个维度推进教与学，重在关注该阶段学生需重点培养的核心素养，避免面面俱到的笼统评价。其中，"知识梳理"借助表格量表引导学生梳理"已知、想知、所学"等知识内容，为下一步实践研究打下基础；"过程记录"引导学生撰写探究日志，整理笔记，拍照记录；"阶段评价"则根据不同探究节点的目标要求，从知识、能力的角度对学生进行学习成果的评价。如：在活动探究中，侧重"探究能力"方面的评价，从问题分析、信息收集、信息分析、知识运用等方面设计量表，以自评、互评相结合的方式，多元、客观地呈现学生的学习状态。

传统文化校本课程项目式学习成效与反思

一、学校发展层面：五育并举，成效凸显

将"同文化"全方位融入思想道德教育、文化知识教育、艺术体育教育、社会实践教育各环节，大同小学育人成效凸显。

2018年3月至2021年9月，学校公众号发布的项目式学习学生研究报道超60篇，累计阅读量超过15万。其中约18篇专项报道被厦门日报、厦门教育圈、思明快报等公众号转载或专题报告；学校进行了3场网络直播，基于项目式学习的校本课程——"一起玩文创：寻找传统文化的现代表达"成果发布会的线上直播观看人数超5万人次，点评上千条。

2019年5月31日，基于项目式学习的校本课程——"一起玩文创：寻找传统文化的现代表达"在厦门思明区召开现场交流展示会，800名学生组队学习，通过多学科深度学习、跨学科解决问题，共创作出72件文创产品参加"萌娃文创品，上新啦！"成果发布会。推选出的"大同十大文创品"充分展现了大同学生对传统文化的理解与创意。

2019年10月、11月，学校开展2场福建省义务教育教改示范校"育人模式改革实践"项目中期展示，接受市、区两级评估。其中，本研究项目进行了专项汇报，系列成果及现场展示得到了评估专家的高度认可。

2020年11月，第十三届全国人大常委会副委员长艾力更·依明巴海到大同小学参观，对学校的传统文化项目式学习予以高度评价，认为达到

了"五育并举，守正创新，成效凸显"。

二、教师发展层面：成果辐射，示范引领

在本研究成果的推动下，学校教师的文化创新力不断提升，各项创新类评比大幅增加。2020 年，学校获得厦门市思明区教育教学质量奖。2021 年，学校获得厦门市第二批中小学教师发展示范学校。自 2018 年 9 月至今，项目参与者在各级活动中进行课例展示、专题讲座共计 6 场，受众地区涵盖多省，参与人数（含线上直播观众）超 6 万人次。其中，2018 年 9 月 19 日，项目领衔人庄莉老师为"国培计划（2018）"——中小学一线优秀教师和教研员研修项目的参训教师，开设专题讲座《主题式项目学习——让学习自主生长》；2018 年 12 月 28 日，庄莉老师在"国培计划（2018）"——河南省乡村教师访名校活动中为参训教师开设专题讲座《用项目式学习撬动学生成长的支点》；2019 年 5 月 31 日，在厦门市思明区基于学生学习方式的校本课程建设研讨活动之项目式学习研讨活动中，项目参与者黄靓芳老师作题为《基于项目式学习的校本课程建设初探》的主题分享，李宏婕老师进行题为《小将集结：寻找项目式学习的通关宝石》的项目式学习之阶段总结课课例展示；2019 年 12 月 25 日，在首届五校联盟年度论坛中，项目参与者林晓琦老师进行题为《我是小小设计师》的项目式学习之确定项目课课例展示；2020 年 6 月 3 日，黄靓芳老师为临夏县马集学区班子成员和村校校长开设专题讲座《寻找改革的"锚点"和支架，建构面向未来的育人图式》。

三、学生成长层面：守正创新，全面发展

学校以本研究为契机，将弘扬中华传统文化与学生文明养成教育紧密融合，在课程融入、项目式学习方式的改进过程中，引领师生自觉文化修身，学校整体校风学风优良。2018 年以来，学生文化创新驱动成果

丰硕：在文化艺术创新类、科技类等各类比赛中斩获佳绩 246 项，学生的中华文化创新展示、志愿服务活动记录在各大报刊发表达 577 篇，比 2016 年年均成果率增长 153%。"劳动志愿服务"成为学校育人品牌，2 名同学获得厦门市"新时代好少年"称号，1 名同学获得我国义务教育阶段中小学生最高荣誉"宋庆龄奖学金"。2018 年与 2019 年，2 项学校中华优秀文化育人案例"'寻找红色文化基因'系列活动""构建红色课程，培育时代新人"分别获得厦门市文明校园创建工作"十佳"创新案例。2020 年，学校获得"福建省优秀少先大队"称号。

四、反思提升

（一）校本教材《爱上我们的文化》资源开发

挖掘和阐发中华优秀传统文化的时代价值是构建校本教材《爱上我们的文化》的关键，故主要从以下几个方面下功夫：挖掘中华优秀传统文化的价值观，使中华文化讲仁爱、守诚信、崇正义、尚和合、求大同的价值观成为涵养社会主义核心价值观的基础和源泉；努力传承和弘扬中华传统美德，中华传统美德是中华文化精髓，蕴含着丰富的思想道德资源，如孝悌忠信、礼义廉耻，自强不息、厚德载物，仁者爱人、与人为善；努力促进中华传统美德的创造性转化、创新性发展。

（二）项目式学习的创新

把握中华优秀传统文化在小学阶段的培育主题，借助课程确立科学、有创新力的项目式研究课题，并在课外实践活动中逐步深入推进，是下一步的工作重点。

综上，基于中华优秀传统文化创新培育的项目式学习设计与实施是一项长期而极具价值的任务。学校将在《爱上我们的文化》教材运用基础上，进一步开发系列项目式学习实践体系，充分挖掘中华优秀传统文化的育人价值，让学生在趣味而有深度的项目式学习中，了解、弘扬、传承中华优秀传统文化。

岁时
节庆

三年级《岁时节庆》课程设计

我们脚下的土地，有自己独特的性格；
我们生活的时节，有自己鲜活的故事。

冬土乍开，感应春气萌动；
盛夏酷暑，知道驱邪避瘟；
金秋丰收，享受团聚赏月；
秋去冬来，体验"数九"消寒……

从春夏秋冬四季的更迭，二十四节气的变换中，
我们观察天时与物候，感受大自然的包罗万象。

什么是二十四节气?

两千多年前，我们聪明的祖先通过观察自然的变化，对一年做了更细致的划分，总结出"二十四节气"，共七十二候，具体地说，五天为一候，三候为一个节气，六个节气就是一个季节。有了二十四节气，农民伯伯就知道"谷雨前后，种瓜点豆"，小朋友就知道"春分燕归来，白露燕南去"。

《二十四节气歌》则是根据这些节气编写的、便于记忆的小诗歌，是

我国古代劳动人民智慧的结晶。

二十四节气歌

春雨惊春清谷天，夏满芒夏暑相连。

秋处露秋寒霜降，冬雪雪冬小大寒。

每月两节不变更，最多相差一两天。

上半年来六廿一，下半年是八廿三。

我们的节日

在除夕之夜，爆竹声声，我们回首过去展望来年；在元宵节，我们把灯狂欢；在清明节，我们哀思缅（miǎn）怀；在中秋节，我们欢聚团圆；在重阳节，我们登高敬老……中国传统节日，是全球华人同根同源、血脉相承的节日。作为中华儿女，我们要过好中国人的节日，讲好中国人的节日故事。

我们可以走进中国文明网——"我们的节日"栏目，去了解节日起源、节日传说，去感受节日民俗，去品味节日美文、节日诗篇，更去体验和实践节日新风！

第 1 课　立秋·一叶知秋（上）

节气，自然告诉我们的

立秋，在每年公历 8 月 7 日至 9 日之间。"秋"是禾谷成熟的意思，代表秋天是收获的季节。立秋是秋季的第一个节气，但彼时暑气难消，离真正入秋还有一段时间。根据气象学的标准，当一候平均气温稳定在 22℃ 以上时为夏季开始，10℃ 以下时为冬季开始，10℃ ～ 22℃ 之间为春季和秋季。判断一个地方是否入秋，只要观察当地连续 5 天的平均气温是否稳定在 10℃ ～ 22℃ 之间即可。

立秋后，早晚开始变得凉爽，但白天依然炎热，三伏天的末伏就在立秋之后。农谚说："秋后一伏，晒死老牛。"人们把立秋后短期回热的天气叫作"秋老虎"。此时我国大部分地区气温仍然较高，各种农作物生长旺盛。

立秋，到大自然去发现吧

立秋三候

一候，凉风至；

二候，白露降；

三候，寒蝉鸣。

葵花开

立秋时节，葵花正开得灿烂。它有着圆圆的花盘，金黄色的花瓣，长得像个小太阳。它的花盘随着太阳东升西落而转动，所以被称为"向日葵""朝阳花"。向日葵的茎秆直直的，叶子大大的，花盘会不停地吸收养分，越长越大，孕育出一颗颗小小的果实。到了深秋，人们便可以吃到美味的葵花籽了。

作物生长

入秋后，红薯薯块膨大；棉花进入结铃盛期；玉米抽雄吐丝，进入开花、授粉、结籽的关键生长期；大豆结出了豆荚。

桃子熟

桃子熟了，沉甸甸地挂在树上，让人真想马上摘一个尝尝。可桃子表面有很多细毛，如果碰到皮肤就会使皮肤发痒，所以摘完桃子记得先把手和桃子都洗干净，再美美享用吧！

节日，老祖宗留下的习俗

乞巧节

你听过牛郎织女的故事吗？传说农历七月初七是他们在鹊桥相会的日子。每到这一天晚上，姑娘们会仰望星空，寻找银河两边的牛郎星和织女星，希望能看到他们一年一度的相会，祈求上天让自己能像织女那样心灵手巧，有称心如意的美满婚姻，所以"七夕节"也叫"乞巧节"。

第2课　立秋·一叶知秋（下）

穿针引线争"得巧"

古人在"乞巧"时有很多的"玩法"，阅读唐朝诗人林杰的《乞巧》，看看古人在乞巧节做什么。

乞巧

[唐] 林杰

七夕今宵看碧霄，牵牛织女渡河桥。

家家乞巧望秋月，穿尽红丝几万条。

【注释】

1. 碧霄：指浩瀚无际的青天。

2. 几万条：比喻多。

穿针乞巧，是中国最早的乞巧方式，始于汉朝。古人在七夕时，以五彩丝穿九尾针，先完成穿针的被称为"得巧"，后完成穿针的则被称为"输巧"，"输巧"的需要出钱奖励"得巧"的。

如果我们也来争"得巧"，准备一根针和一根线，你有什么办法快速地完成穿针引线？

穿针引线　方法一	穿针引线　方法二
1. 先＿＿＿＿＿＿＿＿＿＿	1. 先＿＿＿＿＿＿＿＿＿＿
2. 然后＿＿＿＿＿＿＿＿	2. 然后＿＿＿＿＿＿＿＿
3. ＿＿＿＿＿＿＿＿＿＿	3. ＿＿＿＿＿＿＿＿＿＿

"光说不练空把式"，收集五彩线（五种颜色的线），和同学比一比，看看谁最快将五根线穿过针眼。

练习（比赛）结束后，谁是你身边的"得巧"？写下他的名字吧！

"得巧"获得者：＿＿＿＿＿＿＿＿＿＿＿＿＿＿＿＿＿＿＿

投针验巧争"得巧"

乞巧时，大人有大人的"玩法"，而孩子也有孩子的"玩法"。且来看看唐代诗人施肩吾的《幼女词》，想想古代的孩子又是怎么玩的？

幼女词

[唐] 施肩吾

幼女才六岁，未知巧与拙。

向夜在堂前，学人拜新月。

【注释】

1. 未知：不知道。

2. 向夜：向，接近，将近。向夜，指日暮时分。

3. 拜新月：古代风俗。农历七月七日夜晚，妇女在院中陈设瓜果，向织女星祈祷，请求提升自身的刺绣缝纫技巧，称为"乞巧"。这时，月亮正是上弦月，故也称"拜新月"。

孩子们在乞巧节也会玩一些游戏，其中一种叫"投针验巧"。七夕中午，在院里晒一盆水，因微尘飘落，盆水的表面形成了一层薄薄的膜。将绣花针涂上油以后，轻轻放置水面，若针能够飘浮在水面上的，便是"乞得了巧"。

看起来挺容易的，我们再来比一比，谁是这一回合的"得巧"？

"得巧"获得者：＿＿＿＿＿＿＿＿＿＿＿＿＿＿＿＿＿＿＿＿

他们在"投针验巧"中有什么"秘诀"？请记录下来。

＿＿＿＿＿＿＿＿＿＿＿＿＿＿＿＿＿＿＿＿＿＿＿＿＿＿＿＿＿＿＿

＿＿＿＿＿＿＿＿＿＿＿＿＿＿＿＿＿＿＿＿＿＿＿＿＿＿＿＿＿＿＿

第3课　立冬·飞雪引春风（上）

节气，自然告诉我们的

立冬，在每年公历 11 月 7 日至 8 日之间，表示冬季从此开始。冬是"终了"的意思，有作物收割后要储藏起来的含义。冬天要来了，秋天里成熟的作物需要全部收晒完毕、入库储藏。许多动物藏起来准备冬眠。人类虽然没有冬眠之说，却有在立冬这天进补的习俗，俗称"补冬"，据说可以增强体质，以适应冬天的气候变化。

雨雪天气

立冬前后，我国大部分地区降水显著减少，降水的形式开始多样化：有雨、雪、雨夹雪、冰粒等。随着冷空气的加强，气温下降的趋势加快时，有温度回升的现象；大气中积累的污染物较多时，容易形成浓雾或雾霾。

立冬，到大自然去发现吧

立冬三候

一候，水始冰；

二候，地终冻；

三候，雉入大水为蜃（shèn）。

开始结冰

天冷了，北方的土地开始封冻，变得硬邦邦的，水面也结上了一层薄冰。而南方正是秋收冬种的好时节，人们抓紧时机抢种冬小麦。

冬眠

冬天温度降低，食物匮乏，有些动物有冬眠的习惯。比如蛇和青蛙是变温动物，它们的体温会随着外界温度的变化而变化，冬天时体温会很快下降到不能进行活动的状态，所以需要冬眠以减少新陈代谢。有些恒温动物也会冬眠，比如刺猬，由于在冬天很难找到足够的食物维持体温，一到冬天它们就缩进洞里，蜷着身子，不吃也不动，而且几乎不怎么呼吸，把身体的能量消耗降到最低。

考考你，除了这些动物以外，你还知道哪些动物会冬眠？

兰花开

兰花与梅花、竹子、菊花并称为"花中四君子"。兰花喜阴，多生在山谷，叶片修长秀美，花色素雅，香气清幽，因此常用来比喻谦谦君子。兰花有很多品种，冬寒兰在立冬前后开放，它在低温时香味更佳，而且有"越冷越香"的说法。兰花还象征很多美好的事物，比如古时候把好的文章称为"兰章"，把情深意厚的好友称为"兰友"。

第4课 立冬·飞雪引春风（下）

我的设计

立冬有"补冬"的传统，俗话说："立冬立冬，补嘴空。"北方人在立冬这天会煮上一锅热腾腾的饺子，因此，如果你到了北方，就可以品尝到各种造型的美味饺子了……

为吸引更多的人爱上中国饺子，请你给这些造型各异的饺子取个形象有趣的名字。

我给饺子来取名

名称1：_____　　名称2：_____

名称3：_____　　名称4：_____

立冬美食连连看

在冬至这天，厦门很多家庭会炖煮四物番鸭汤，你知道是哪"四物"吗？回家向长辈了解了解，并连连看。

当归　　　　白芍（sháo）　　　川芎（xiōng）　　　熟地

第 5 课　立春·谁为春天代言？（上）

节气，自然告诉我们的

立春，又叫"打春"，在每年公历 2 月 3 日至 5 日之间。"立"是开始的意思，立春就是春天的开始。从这一天起直到立夏的这一段时间，被称为春天。立春也是中国的传统节日，代表新一年的开始，人们在这天吃春饼和春卷庆礼，称为"咬春"。农历新年通常是在立春前后，古时农历新年被称为元日、元旦，后来，人们为了区分公历和农历，把公历 1 月 1 日称为"元旦"，农历正月初一改称"春节"。

立春，到大自然去发现吧

立春三候

一候，东方解冻；

二候，蛰（zhé）虫始振；

三候，鱼陟（zhì）负冰。

东风解冻

在古人看来，立春之时，万物逃离了北风控制下的萧瑟寒冬，在春季的温暖下化雪融冰，而解冻则归因于风。

蛰虫始振

立春的暖意渗入土壤中，冬眠动物的洞穴不再像冬天那么寒冷，它们僵硬的身体渐渐变得柔软，时不时地扭一扭，睡了一冬的它们快要苏醒了。

迎春花开

立春到了，冬天僵硬冰冷的感觉还没有完全消散，但是春风最先吹醒了迎春花，它们俯在墙角悄悄地吐出了鹅黄色的花瓣。

百花之中，迎春花开花最早，此后即迎来百花齐放的春天。迎春花喜欢光亮，不害怕阴冷寒湿，剪一根迎春花的枝条插在泥土中，只要条件合适，就能生根，它有着极强的生命力。

鱼陟（zhì）负冰

鱼儿在冰封的池塘里度过一整个冬天，简直要被憋坏了。当天气回暖，冰面开始解冻，鱼儿感受到春天的召唤，欢快地向上游，好像急着要把冰面顶破一样。

节日，老祖宗留下的习俗

春节

农历的正月初一是"春节"，它是中国民间最隆重的传统节日。农历一年的最后一天称为"除夕"，这一天是全家团圆的日子，家家户户忙着贴春联，挂红灯笼，包饺子，做年夜饭。孩子们穿新衣，放鞭炮，给长辈们拜年，收压岁钱。过年的热闹气氛会持续好几天，全家人也会一起走亲访友，互赠礼物，送上新年祝福。

《元日》是描写春节的节庆古诗，一起来朗诵一下吧。

元日

[宋]王安石

爆竹声中一岁除，

春风送暖入屠苏。

千门万户曈（tóng）曈日，

总把新桃换旧符。

第6课　立春·谁为春天代言？（下）

春联送福

春联，也叫门对、春贴、对联、对子，是一种独特的中国文学形式，它以工整、对偶、简洁、精巧的文字描绘时代背景，抒发美好愿望。每逢春节，无论是城市还是农村，家家户户都要精选一副大红春联贴于门上，辞旧迎新，以增加节日喜庆气氛。

可是，由于对春联不够了解，许多人贴春联时都闹出了笑话。你了解春联的读法和贴法吗？

1.春联分为"上联"和"下联"。该怎么贴，以下判断哪个是正确的？

（　　）

A.上联在左，下联在右　　　　B.上联在右，下联在左

2.春联除了有"上联""下联"，还有"横批"，读"横批"时应该怎么读？　　　　　　　　　　　　　　　　　　　　（　　）

A.从左往右读　　　　　　　　B.从右往左读

3.我们怎么读春联才是正确的？　　　　　　　　　　　（　　）

A.先读横批，然后读上联，最后读下联

B.先读横批，然后读下联，最后读上联

C.先读上联，然后读横批，最后读下联

D.先读下联，然后读横批，最后读上联

E.先读上联，然后读下联，最后读横批

F.先读下联，然后读上联，最后读横批

4.你能正确朗读下图的春联吗？

5."福"字倒贴有讲究！

过年，贴"福"字的时候也有讲究呢！将"福"字倒过来贴，表示"幸福已到""福气已到"。但并不是所有的"福"都可以倒着贴哦！

你知道以下哪些地方可以把"福"字倒着贴吗？可以倒着贴的请在括号里打"√"。

大门上（　　　）　　　　冰箱上（　　　　　）

米缸上（　　　）　　　　垃圾桶上（　　　　　　）

小小动作　大大祝福

作揖（zuò yī）是中国传统礼仪的一种形式。作揖时，两手合于胸前，抱拳前推，身子略弯，表示向人敬礼。因为不需要触碰他人手部，相比于外国人的握手礼更为卫生。然而，随着西方文化传入，中国人逐渐接受并使用握手礼，像作揖这种传统见面行礼方式却渐渐被中国人遗忘。

作揖这个"小小动作"，也有规矩和讲究呢！你懂得怎么抱拳作揖吗？

抱拳作揖是拜年的老规矩，看看以下规矩，你懂不懂？

（1）作揖时，男女可不同哦！到底谁是左手抱右手，谁是右手抱左手？

对于男性来说，须（　　　）在内，（　　　）在外；

对于女性来说，须（　　）在内，（　　）在外。

A. 左手　　　　　　　　　　B. 右手

你猜一猜，想一想，为什么古人要设立这样的规矩？

（2）我们可以对着谁作揖？　　　　　　　　　　　　　　（　　）

A. 长辈　　　　　　　　B. 平辈　　　　　　　　C. 晚辈

第7课　立夏·熏风带暑来（上）

节气，自然告诉我们的

立夏，在每年公历5月5日至6日之间。立夏与立春、立秋、立冬合称"四立"，都是标志季节开始的节气。立夏时节，植物繁茂，农作物生长旺盛，农民也进入大忙时期。立夏以后，天亮得早了，人们有晚睡早起的习惯，所以中午最好适当午休以补充睡眠，平常还要多运动锻炼身体。有些地区有"立夏称人"的习俗，据说这一天称了体重后，就不怕因夏季炎热而消瘦了。

立夏，到大自然去发现吧

立夏三候

一候，蝼蝈鸣；

二候，蚯蚓出；

三候，王瓜生。

雨季来临

立夏时节，天气渐热，雷雨增多，动植物开始迅速繁殖生长。我国江南地区进入雨季，多阴雨连绵天气。

蚯蚓出

蚯蚓喜欢生活在潮湿、疏松的泥土中。下雨时雨水灌入泥土，土里的空气被挤了出去，蚯蚓就会感到呼吸困难，纷纷爬到地面上来，所以雨后经常能见到许多蚯蚓。

蛙儿鸣

雷雨天气越来越多，喜欢湿润凉爽环境的小飞虫们开始大量繁殖。它们正巧成了青蛙的美食，饱餐后的青蛙快乐地"呱呱"叫个不停。青蛙是庄稼地里的捉虫能手，是当之无愧的"农田卫士"。

芍药花开

芍（sháo）药花有很多种，一般在5月开放，人们亲切地称之为"五月花神"，它还有"花仙""花相"等美称。芍药的花瓣层层叠叠，最多可达上百枚。它和"花中之王"牡丹长得很像，因此常常被混淆。其实，它们是有很大区别的。芍药是草本植物，牡丹是木本植物，另外牡丹开花通常会比芍药早上十几天。

量温度　知立夏

用画笔为温度计涂上刻度，记下立夏这天的气温吧。

第8课　立夏·熏风带暑来（下）

一起来"挂蛋"

你有一个做"蛋王"的梦想吗?

立夏后，天气渐渐炎热起来。相传每年立夏之日，大人会在孩子的胸前挂上煮熟的鸡鸭鹅蛋。猜一猜，古人为什么要在孩子胸前"挂蛋"？　　　（　　　）

A. 因为鸡鸭鹅刚好在立夏时下的蛋多

B. 因为把"蛋"挂在胸前，好看，显得有精神

C. 因为小孩子立夏时容易食欲减退、身体疲劳、四肢无力，"挂蛋"祈福

D. 因为古人家里养鸡鸭鹅较多，"挂蛋"显得家里富裕

E. 因为"挂蛋"可以让人开心

制作"立夏蛋"

立夏吃口蛋，力气多一万

立夏最经典的食物就是"立夏蛋"。立夏前一天，很多人家里就开始煮"立夏蛋"了，"立夏蛋"一般用茶叶末或胡桃壳煮，待蛋壳慢慢变红，满屋飘香便可捞出食用。"立夏蛋"应该趁热吃，吃时可配上好酒，酒香、茶香扑面而来。

回家和家里人一起制作"立夏蛋"吧，然后在全班开场"美味蛋的派对"。

多面"蛋壳侠"

蛋壳侠"脸谱"设计

热爱画画的人从来不会担心找不到"画纸"。你能否给"蛋壳侠"设

计一张漂亮的"脸谱"？用上你喜欢的工具，在蛋壳上画画吧。

"蛋王"比拼赛

斗蛋

　　除了吃蛋，最好玩的就数斗蛋了。斗蛋的规则很简单，蛋分两端，尖者为头，圆者为尾，斗蛋时蛋头斗蛋头，蛋尾击蛋尾，一个一个斗过去，破者认输，分出高低，最后的胜利者就是"蛋王"。

　　每人准备几颗"坚硬"的蛋，比一比谁家的蛋是"蛋王"。可别忘了"友谊第一，比赛第二"。

三年级《岁时节庆》教学过程

主题一　立秋·一叶知秋

教学目标	C 层次学生：通过了解立秋节气的变化，感受岁月更迭，激发热爱大自然、敬畏生命的积极情感；在乞巧节等与立秋节气相关的活动中体会中华民族深厚的文化积淀，增强民族认同感，弘扬中华优秀传统文化。 B 层次学生：能对立秋节气与大自然变化的关系进行简单的观察和探究，树立初步的问题探究意识、研究和处理信息的能力，以及动手实践解决问题的能力。 A 层次学生：了解立秋节气的由来，认识立秋节气对农业生产和我们生活的指导作用，感受立秋的节令变化规律和特点；懂得二十四节气是我国古代劳动人民对自然现象和规律的科学认识和总结，是在实践中创造出来的宝贵科学遗产。
教学重点	认识立秋节气对农业生产和我们生活的指导作用，感受立秋的节令变化规律和特点。在乞巧节活动中体会中华民族深厚的文化积淀，激发热爱、传承和弘扬中华优秀传统文化的思想感情。
教学方法	采用探究式的方法展开教学。
教学准备	学生准备：收集关于立秋节气、乞巧节相关的资料，对立秋时自然界的情况展开观察。 教师准备："乞巧节"活动材料、多媒体课件等。
教学课时	2 课时。

第1课　立秋·一叶知秋（上）

一、节气，自然告诉我们的

1. 师：同学们，当你在春分日仰望北斗七星、夏至日看到影长的变化时，是否读懂了大自然的语言？二十四节气是中华民族的智慧之果，不仅反映了季节的更替和气候的变化，更是渗透到我们生活的方方面面。今天我们就一起走进秋季的第一个节气——立秋，进行一次关于立秋的探秘。

2. 师：请同学们一起阅读"节气，自然告诉我们的"这部分内容，看一看能找到哪些关于立秋的秘密。

3. 学生自主阅读"节气，自然告诉我们的"，边阅读，边在书上圈画出关于立秋的信息。

4. 教师围绕立秋的时间、气温特点等方面，引导学生结合书中的内容、课外收集到的资料，以及自身对于立秋的自然界的观察，在班级展开交流。

A、B 层次学生结合课内及课外收集的资料进行立秋节气知识的分享，拓展知识的深度和广度，C 层次学生主要围绕课内的知识来分享。

二、立秋，到大自然去发现吧

（一）立秋三候

1. 师：让我们一起齐读"立秋三候"。

立秋三候

一候，凉风至；

二候，白露降；

三候，寒蝉鸣。

2. 学生齐读"立秋三候"。

3. 师：读了"立秋三候"，你们有什么疑问？

4. 学生提出疑问。

预设疑问：

（1）"立秋三候"究竟是什么意思呢？

（2）"候"指的是什么？"一候"有多少天？

5. 我们通过一段小资料来解答大家的疑问吧。

> （1）"立秋三候"究竟是什么意思呢？
>
> "一候，凉风至"，是指"西方凄清之风曰凉风，温变而凉气始肃也"。也就是说，此时的风已经不是暑天的热风了，天气也开始呈现转凉的趋势了。
>
> "二候，白露降"，是指"大雨之后，清凉风来，而天气下降茫茫而白者，尚未凝珠，故曰白露降，示秋金之白色也"。通俗点儿说，就是早晨大地上开始有雾气了。
>
> "三候，寒蝉鸣"，是指"秋天感阴而鸣的寒蝉也开始鸣叫"。寒蝉开始鸣叫，说明天气真的开始变冷了，寒蝉之于秋天，就犹如布谷鸟之于夏天，都是一种信号。
>
> （2）"候"指的是什么？"一候"有多少天？
>
> 这里的"候"其实是古代气候学上的一种基本时间单位，也是二十四节气中最小的时间单位。在二十四节气中，"五天为一候，三候为一气"。
>
> "五天为一候"容易理解，那"三候为一气"这句话又是什么意思呢？
>
> 其实就是说，一候是五天，三个"一候"恰好是十五天，正好等于一个节气的长度。正因为如此，一个节气才被称为"三候"。因此，就会有立春三候、芒种三候、立秋三候、秋分三候等不同的说法。当然，现在你肯定知道了，每个节气都可以和三候连起来组成一个新的说法，比如"立夏三候""立冬三候"。这就有点儿像"一星期七天"，后面这个词是用来解释前面这个词的意思的，只不过古人把七天换成了三候，把一星期换成了具体的节气名。
>
> 由于一个节气有三候，所以，一年二十四节气就有七十二候，而且各候均与一物候现象相对应。前面我们提到的"凉风至""白露降""寒蝉鸣"都属于物候现象。

（二）到大自然去发现

1. "立秋"的自然界还有哪些神奇变化呢？让我们一起到大自然去发现吧。

2. 学生自主阅读"葵花开""作物生长""桃子熟",结合课文内容和个人对自然界的观察谈发现。

三、节日，老祖宗留下的习俗

1. 师：你听过牛郎织女的故事吗？

播放《牛郎织女》的动画视频。

2. 学生观看视频，并互相交流。

3. 师：传说农历七月初七是牛郎和织女在鹊桥相会的日子。每到这一天晚上，姑娘们会仰望星空，寻找银河两边的牛郎星和织女星，希望能看到他们一年一度的相会，并且祈求上天让自己像织女那样心灵手巧，有称心如意的美满婚姻，因此"七夕节"也叫"乞巧节"。

4. 教师出示"牛郎星"与"织女星"的图片，引导学生找一找"牛郎星"与"织女星"分别在哪里，并谈一谈自己对"乞巧节"的了解。

第 2 课　立秋·一叶知秋（下）

一、穿针引线争"得巧"

（一）穿针引线争"得巧"的方法

1. 师：古人在"乞巧"时有很多的"玩法"，请大家阅读唐朝诗人林杰的《乞巧》，谈一谈古人在乞巧节做什么。

乞巧

[唐] 林杰

七夕今宵看碧霄，牵牛织女渡河桥。

家家乞巧望秋月，穿尽红丝几万条。

2. 学生读古诗，交流从古诗中找到的古人在乞巧节的"玩法"。

3. 师：穿针乞巧，是中国最早的乞巧方式，始于汉朝。古人在七夕时，以五彩丝穿九尾针，先完成穿针的被称为"得巧"，后完成的则被称为"输巧"，"输巧"的需要出钱奖励"得巧"的。如果我们也来争"得巧"，准备一根针和一根线，你有什么办法快速地做到穿针引线？

4. 以小组为单位，展开讨论，比一比哪个小组想出的方法多。

A 层次学生当组长进行统筹，组织组员交流并做补充、小组汇报；B 层次学生多分享方法并及时进行记录；C 层次学生大胆思考交流。

5. 小组代表在班级交流穿针引线的好方法。

（二）穿针引线争"得巧"的比赛

1. 师："光说不练空把式"，收集五彩线（五种颜色），和同学比一比谁最快将五根线穿过针眼。看看你是"得巧"还是"输巧"啦！

2. 班级开展一场穿针引线争"得巧"的比赛。

3. 师：经过比赛，谁是你身边的"得巧"？佩服地写下他的名字吧。

二、投针验巧争"得巧"

1. 师：乞巧时，大人有大人的"玩法"，而小孩子也有孩子的"玩法"。让我们读一读《幼女词》，找一找孩子们在乞巧时的玩法。

幼女词

[唐] 施肩吾

幼女才六岁，未知巧与拙。

向夜在堂前，学人拜新月。

2. 学生读古诗，并相互交流。

3. 师：七夕中午，在院里晒一盆水，因微尘飘落，盆水的表面形成了一层薄薄的膜。将绣花针涂上油以后，轻轻放置水面，若针能够飘浮在水面上的，便是"乞得了巧"。我们再来比一比，看看谁是这一回合的"得巧"？

4. 班级开展"投针验巧"的比赛。

5. 学生分享"得巧"的秘诀。

6. 教师总结：通过了解立秋节气和体验乞巧节游戏，我们感受到了大自然的神奇，体会到了中华民族深厚的文化积淀。希望通过今天的学习，同学们能够进一步了解二十四节气，更加热爱中华优秀传统文化，同时将它们传承下去。

主题二　立冬·飞雪引春风

教学目标	C 层次学生：通过了解立冬节气的变化，感受岁月更迭，激发热爱大自然、敬畏生命的积极情感；在"我的设计·饺子取名"等与立冬节气相关的活动中体会中华民族深厚的文化积淀，增强民族认同感，弘扬中华优秀传统文化。 B 层次学生：能对立冬节气与大自然变化的关系进行简单的观察和探究，树立初步的问题探究意识、研究和处理信息的能力，以及动手实践解决问题的能力。 A 层次学生：了解立冬节气的由来，认识立冬节气对农业生产和我们生活的指导作用，感受立冬节气的节令变化规律和特点；懂得二十四节气是我国古代劳动人民对自然现象和规律的科学认识和总结，是在实践中创造出来的宝贵科学遗产。
教学重点	认识立冬节气对农业生产和我们生活的指导作用，感受立冬节气的节令变化规律和特点。在"我的设计·饺子取名"活动中体会中华民族深厚的文化积淀，激发热爱、传承和弘扬中华优秀传统文化的思想感情。
教学方法	采用探究式的方法展开教学。
教学准备	学生准备：收集关于立冬、立冬美食的相关资料，对立冬时自然界的情况展开观察。 教师准备："我的设计·饺子取名"活动材料、多媒体课件等。
教学课时	2 课时。

第 3 课　立冬·飞雪引春风（上）

一、节气，自然告诉我们的

1. 师：同学们，当你在春天收获花香、夏天品尝果甜、秋天看田里满是金黄、冬天赏雪时，是否感受到了四季的交替变换、景色多样？根据季节的更替时机与阶段变化，古人创造出了二十四节气，二十四节气更是渗透到我们生活的方方面面。今天我们就一起走进冬季的第一个节气——立冬，一起来探索立冬的秘密。

2. 师：请同学们一起阅读"节气，自然告诉我们的"这部分内容，看一看能找到哪些关于"立冬"的秘密。

3. 学生自主阅读"节气，自然告诉我们的"，边阅读，边在书上圈画出关于立冬的信息。

4. 教师围绕立冬的时间、气温变化、降水特点等，引导学生结合书中的内容、课外收集到的资料，以及自身对于立冬的自然界观察，在班级展开交流。

A、B 层次学生结合课内及课外收集的资料进行"立冬"这一节气知识的分享，拓展知识的深度和广度，C 层次学生主要围绕课内的知识来分享。

二、立冬，到大自然去发现吧

（一）立冬三候

1. 师：让我们一起齐读"立冬三候"。

立冬三候

一候，水始冰；

二候，地始冻；

三候，雉入大水为蜃。

2. 学生齐读"立冬三候"。

3. 回顾上节课的"立秋三候"。

4. 师：读了"立冬三候"你们有什么疑问？

5. 学生提出疑问。

预设疑问：

（1）"雉、蜃"指的是什么？为什么"雉入大水为蜃"？

（2）"立冬三候"究竟是什么意思呢？

6.我们通过一段小资料来解答大家的疑问吧。

（1）"雉、蜃"指的是什么？为什么"雉入大水为蜃"？

"雉"即野鸡一类的大鸟，"蜃"为大蛤。立冬后，野鸡一类的大鸟便不多见了，而海边却可以看到外壳与野鸡的线条及颜色相似的大蛤。所以古人认为雉到立冬后便变成大蛤了。

（2）"立冬三候"究竟是什么意思呢？

水始冰：水已经能结成冰。地始冻：土地也开始冻结。雉入大水为蜃：雉到立冬后便变成大蛤了。立冬后，野鸡一类的大鸟便不多见了，而海边却可以看到外壳与野鸡的线条及颜色相似的大蛤，所以古人认为雉到立冬后便变成大蛤了。

"立冬三候"是这样说的，立冬之日水始冰，又五日地始冻，又五日雉入大水为蜃。也就是说每隔五天是一候，立冬时间在公历每年11月7日至8日，所以我们在这个时间基础上加五天就可以推算出立冬三候中每一候的时间了。

（二）到大自然去发现

1."立冬"的自然界还有哪些神奇变化呢？让我们一起到大自然去发现吧。

2.学生自主阅读"开始结冰""冬眠""兰花开"，结合课文内容和个人对自然界的观察谈发现。

3.学生自主思考除了蛇、青蛙和刺猬，还有哪些动物会冬眠，然后讨论回答。

第4课　立冬·飞雪引春风（下）

一、我的设计

1.师：立冬有"补冬"的传统。俗话说："立冬立冬，补嘴空。"北方人在立冬这天会煮上一锅热腾腾的饺子。立冬时，大家可以品尝各种各样的造型各异的美味饺子。

2. 学生讨论平时都吃过怎样的饺子，可以从形状、馅料、口味等角度回答。

3. 教师提问，学生回答。

4. 教师展示各种饺子的图片，学生分组讨论，根据自己的想象、结合生活中的经验，给图中造型各异的饺子取个形象有趣的名字。

5. 请小组代表发言，为图中造型各异的饺子取名字。

6. 预设疑问：冬至为什么要吃饺子？

7. 我们通过一段小资料来解答大家的疑问吧。

冬至吃饺子的由来

每年农历冬至这天，不论贫富，饺子是必不可少的节日饭。谚云："十月一，冬至到，家家户户吃水饺。"冬至吃饺子的习俗，是为纪念"医圣"张仲景冬至舍药的事迹。

张仲景是南阳人，著有《伤寒杂病论》，集医家之大成，其中，祛寒娇耳汤被历代医者奉为经典。张仲景有名言："进则救世，退则救民；不能为良相，亦当为良医。"东汉时，他曾任长沙太守，访病施药，大堂行医。后毅然辞官回乡，为乡邻治病。其返乡之时，正值冬季，他看到白河两岸乡亲面黄肌瘦，饥寒交迫，不少人的耳朵都冻烂了，便让其弟子在南阳东关搭起医棚，支起大锅，在冬至那天舍药医治冻疮。他把羊肉和一些驱寒药材放在锅里熬煮，然后将羊肉、药物捞出来切碎，用面包成耳朵样的"娇耳"，煮熟后，分给来求药的人，每人两只"娇耳"，一大碗肉汤。人们吃了"娇耳"，喝了"祛寒汤"，浑身暖和，两耳发热，冻伤的耳朵便治好了。后人参考"娇耳"的形状和做法，用面将各类食物包住，并称之"饺子"或"扁食"。

冬至吃饺子，是纪念"医圣"张仲景"祛寒娇耳汤"之德。至今南阳仍有"冬至不端饺子碗，冻掉耳朵没人管"的民谣。

二、立冬美食连连看

1. 师：冬至这天，很多厦门家庭会炖煮四物番鸭汤，你知道是哪"四物"吗？（出示课件）

2. 学生看图，根据平日里所见所闻分组讨论，将图片与"四物"名字连起来。

3. 教师给大家讲解生字读音——"白芍（sháo）、川芎（xiōng）"。

4. 教师分组提问连线答案。

主题三　立春·谁为春天代言？

教学目标	C 层次学生：收集有关立春的诗句、谚语、民间流传的俗语，并能诵读经典。 　　B 层次学生：了解家乡立春的民风习俗，积累相关经典名句，真正理解"立春如年"的含义。 　　A 层次学生：通过收集材料，感受立春的喜庆，提高互助合作的能力，感受祖国深厚的文化底蕴。
教学重点	通过收集立春的材料，传承民俗文化，建立起对家乡浓厚的感情。引导学生主动探索传统节日的历史渊源、独特情趣。
教学方法	讨论、资料收集等小组合作探究法。
教学准备	教师准备：了解各地有关立春的习俗，收集有关立春习俗的图片，以及各种与立春活动有关的文字介绍。 学生准备：向长辈询问民间流传的与立春有关的谚语、习俗，查阅资料了解各地有关立春的习俗。
教学课时	2 课时。

第 5 课　立春·谁为春天代言？（上）

一、激趣导入

1. 课前播放音乐《春江花月夜》。

2. 师：同学们，你们知道，每一年的春天是从什么时候开始的吗？谁来背一背《二十四节气歌》？

3. 节气歌中的第一个节气就是"立春"，"立春"也是我国一个很重要的传统节日。

二、话立春

1. 师：同学们，这节课我们一起来说说立春。（板书：立春。）

2. 学生通过课前的资料查阅，谈一谈自己对立春的了解。

A 层次学生结合课内及课外收集的资料进行立春节气知识的分享，拓展知识面；B 层次学生多分享关于立春的诗歌；C 层次学生主要围绕课内的知识来分享。

（1）立春的俗称

立春亦称"打春""咬春"，又叫"报春"。

（2）立春的由来

为迎接春天的到来，我国各地有许多"迎春"的风俗习惯。据记载：周时期，立春当天天子率三公九卿、诸侯大夫至东郊迎春，并祭芒神，祈求农业丰收。

明、清时期，民间有迎土牛、迎农祥、浴蚕种等习俗。山西民谣云："春日春风动，春江春水流。春人饮春酒，春官鞭春牛。"

春种秋收，关键在春。民谚有"一年之计在于春"的说法。立春，既是一个古老的节气，也是一个重大的节日。这个节日与众多节日一样有众多民俗，有迎春的庆贺祭典与活动，还有咬春习俗等。

3. 过渡：为什么古代的节日还能保留至今？为什么又有"立春如年"的说法？让我们一起用习俗来"说立春"吧！

教学形式：学生介绍，教师用课件同步呈现有关场景或图片。

4. 习俗说立春。

习俗一：迎春。人们在"立春"这一天，会举行迎春纪念活动。迎春活动至少在 3000 年前就已经出现。

习俗二：打春牛。春牛，即立春日劝农春耕的象征性的泥塑牛。迎春仪式后举行"鞭春牛"活动。

习俗三：春帖子。春帖子又称"春帖""宜春帖"。立春日贴春帖、作春帖词，在宋代很盛行。

习俗四：戴春。民间有小孩戴春鸡的习俗，其寓意为春鸡报晓，以迎接春之神的到来，祈求在新的一年里儿孙平平安安，农业五谷丰登。

习俗五：抬春色。在立春日的游行队伍中，必有装饰过的台阁，上坐歌妓，由两个人抬着走，此活动称为"抬春色"。

5. 咬春食俗。

咬春是中国特有的风俗。立春这一日，中国民间习惯吃春盘、吃春饼、吃春卷、嚼萝卜之俗。春饼、春卷是古人心目中春的象征。

教学形式：学生介绍，教师用课件同步呈现有关场景或图片。

三、诵立春

1. 过渡：与立春相关的习俗颇多，古人在参与立春活动中有感而发，留下了很多诗句和谚语，下面让我们一起"诵立春"吧！

2. 学生交流收集查阅的相关资料。

3. 教师指定学生诵读自己收集的诗句或谚语。

四、庆立春

1. 回忆：自己家里是怎样过立春的。

2. 小组交流：自己的父辈和祖父辈是怎样过立春的。

3. 品尝：一起吃萝卜。

五、畅立春

1. 畅想：下一个立春，你打算怎么过？

2. 描绘：画出你最向往的立春情景。

3. 讲述：给小朋友们讲述有关立春的食俗和习俗。

4. 板书设计：话立春由来，诵立春谚语。

第6课 立春·谁为春天代言？（下）

一、自由选择，交流讨论，理解春联

1. 出示几副春联，让学生选择自己喜欢的春联读一读，并说说喜欢的理由。教师引导学生从春联所描绘的景色、所体现的思想、所表达的祝愿来理解。小组讨论，交流自己喜欢这副春联的理由，记录员记录。

A 层次学生当组长进行统筹，组织组员交流并做补充、小组汇报；B 层次学生多分享感受并及时进行记录；C 层次学生大胆思考交流。

2. 反复朗读，抓住重点词语读出欢乐、读出祥和、读出幸福、读出希望。

师：同学们，请你们以小组为单位，派代表汇报各自喜欢的春联。

师：请一位朗读员来为大家读读这副春联。你们感受到了什么？

学生相互交流感受。

3. 学生齐读五副春联。

4. 合作探究：为什么说我们浏览着各种各样的春联，就像是漫游在万紫千红的百花园中？

5. 如何才能正确地读对联呢？顺序是什么？你知道为什么吗？

通过收集资料，整理汇总信息，整合对联的知识，得出读对联的正确顺序。

二、拓展延伸

1. 请学生上讲台贴春联，并说一说选择这副春联的原因。

2. 相互交流，欣赏春联。

三、学习"福"文化

1. 你们听说过倒贴"福"字的习俗吗？

2. 你们知道哪些地方可以把"福"字倒着贴吗？

讨论：为什么这些地方的"福"字不能倒着贴？

3. 除了贴"福"字，咱们国家还有很多祈福的方法，其中一个就藏在小小的动作里。

师：抱拳作揖拜年的老规矩，你懂吗？请大家尝试抱拳作揖，并讨论动作要领。

学生相互交流，探讨抱拳作揖的动作要领。

教师出示课本与作揖相关的选择题，并引导学生作答。

四、总结

春联与"福"文化都是我国传统祝福形式中特别普遍的一种。我们一起学习传统文化，并用上它们为长辈祈福吧。

主题四　立夏·熏风带暑来

教学目标	B、C 层次学生：了解立夏的节气特点，积累相关的古诗，并能够根据自己的理解，绘制出自己心中的意境。 　　A 层次学生：结合生活观察立夏时节身边景物的变化，写一写关于立夏带来的事物变化的观察日记。
教学重点	学习有关立夏的古诗，结合生活观察立夏时节身边景物的变化。
教学方法	开展启发式谈话，小组合作交流。
教学准备	节气转盘、节气古诗。
教学课时	2 课时。

第 7 课　立夏，熏风带暑来（上）

一、激发兴趣，谈话导入

1.师：孩子们，今天是什么节气呢？你知道每年的立夏都在公历几月几日呢？

2.师：关于立夏你知道多少呢？课前老师让大家收集了立夏的相关资料，你都了解到了什么？

A、B 层次学生结合课内及课外收集的资料进行"立夏"这一节气知识、诗歌的分享，拓展知识的深度和广度，C 层次学生主要围绕课内的介绍来分享。

二、自由朗读，交流理解

1.学生汇报收集的诗词。

师：你们从这些与"立夏"相关的诗词中感受到了什么？

2. 教师出示《放歌四季》中的《立夏》，组织学生自由读，小组交流理解古诗大意。

3. 交流立夏节气及气候特点：

立夏在，公历 5 月 6 日前后，古代称"立夏节"。立夏的"立"，就是开始的意思。

4. 学生再次交流，理解诗句"四时天气促相催，一夜薰风带暑来"。

5. 还有哪些有关立夏的诗词？

6. 出示《长歌行》：

长歌行

汉乐府

青青园中葵，朝露待日晞。

阳春布德泽，万物生光辉。

常恐秋节至，焜黄华叶衰。

百川东到海，何时复西归。

少壮不努力，老大徒伤悲。

7. 学生自读，教师邀请学生朗读。

8. 小组讨论这首古诗的意思，它告诉我们什么道理？

9. 关于立夏有哪些谚语呢？

10. 关于立夏有哪些风俗习惯？

三、交流观察

师：在书本中的温度计里记录下这一节气的气温。你还发现了什么？

四、组织活动

画彩蛋。

第 8 课　立夏，熏风带暑来（下）

一、一起来挂蛋

1. 师：孩子们，上节课咱们一起了解了和立夏有关的习俗和诗词，那么这节课，咱们再来好好交流一下如何过好立夏吧。

2. 师：看图片，你们猜猜，这些孩子们的胸前挂的是什么？有什么含义？（出示课件图片）

小组讨论：为何在立夏当天，古时候的孩子要在胸前挂蛋？有何特殊含义？

A 层次学生当组长组织组员交流、进行补充和小组汇报；B、C 层次学生多分享、交流课前了解到的相关资料。

3. 师：通过刚才的讨论，相信同学们有了自己的想法，现在请每组派一个同学来汇报。

二、制作立夏蛋

1. 你吃过茶叶蛋吗？你知道里面要加哪些食材吗？如何煮才能使蛋入味又可口？

2. 回家后准备好食材，在家里和家人一起制作属于你的"立夏蛋"吧，做好了别忘了带到学校和同学们分享哦。

3. 品尝完可口的自制"立夏蛋"，请你们来交流一下，如何制作"立夏蛋"？你都放了哪些食材？

A 层次学生当组长统筹，组织组员交流并做补充、小组汇报；B 层次学生多分享课前了解到的方法并及时进行记录;C 层次学生大胆思考交流。

三、多面"蛋壳侠"

在咱们多元的文化中，戏剧脸谱占据了重要的地位。吃完"立夏蛋"，该是你动手的时候啦。请你用蛋壳制作脸谱吧，可以是戏剧脸谱，也可以是各式的图案，只要是你喜欢的图纹，都可以画在蛋壳上，赶紧发挥你的想象力吧。

四、蛋王 PK 赛

1. 介绍"斗蛋"的游戏规则。

2. 从家里挑几颗"坚硬"的蛋带到学校，进行一场班级"斗蛋"大赛，看看谁家的蛋是今年的"蛋王"。

文房
四宝

四年级《文房四宝》课程设计

我们有多精彩？
书案上的文房四宝，
个性鲜明的风流名士轮番登场……
演绎精美绝伦的艺术中国。

我们有多迷人？
天下第一行书《兰亭集序》，
诗意万千的中国色穿越时空……
遇见笔墨丹青下的绝美中国。

我们有多可爱？
《韩熙载夜宴图》的游戏应用，
《千里江山图》的学习用品……
脑洞大开，大放异彩的传统文化。

纵横上下五千年，中国之美带你走进中华文明。

第1课 墨（上）

文玩名片

墨，是一种黑色块状的研磨颜料，被广泛运用于书写、绘画、拓碑等方面。

墨是古代书写中必不可缺的用品。借助这种独创的颜料，中国书画奇幻美妙的艺术意境得以实现。

前世今生

原始社会时期，人们就开始用天然有色矿石作画，这些有色矿石可以看作是墨的雏形。商代甲骨上留有的天然石墨的痕迹，被认为是最早的墨迹。史前彩陶纹饰、竹木简牍、缣（jiān）帛书画等，到处留下了原始用墨的遗痕。

西周时期，人工墨开始出现。

汉代还设置了专门掌管纸、墨、笔等物的官制，定期向文官发放墨块。据东汉应劭（shào）所撰《汉官仪》记载，汉代尚书令、仆、丞、郎等官员每月可领取隃糜（mí）大墨、小墨各一枚。隃糜在今陕西省千阳县，靠近终南山，其山松林甚多，盛行烧烟制墨。

魏晋南北朝时期，墨的质量不断提高。北魏贾思勰（xié）著有《齐民要术》，其中一篇《合墨法》是我国最早讲制墨工艺的文献。

唐代制墨名工奚超、奚廷珪（guī）父子，制出了"丰肌腻理，光泽如漆"的好墨。唐代还出现了有色墨，有用雌黄研细加胶合制而成的黄墨，还有用朱砂研细后加胶制成的朱墨。

明代出现了规模较大的制墨作坊，促进了制墨品牌的形成。在流派上，"歙（shè）县墨派"（制墨风格富丽堂皇，制工精细）与"休宁墨派"（制墨风格质朴，注重实用性），争奇斗胜，所制精品，距今三百余年，仍色彩不渝。

清代制墨，主要向"精鉴墨"（专供鉴赏的墨）和"家藏墨"（多作收藏或馈赠亲友之用）两方面发展，大多成为精美的工艺美术品。

清末出现液体墨汁。制墨工匠谢崧岱、谢崧梁借鉴传统制墨的工艺和配方，创制了使用方便、易储存的液体墨汁，并在北京开设了专营墨汁的作坊"一得阁"。液体墨汁的创制是墨史上的又一次革新，给中国书画艺术带来了新的生机。

墨韵万变

墨的制作

古代制墨全部采用手工制作，要经过炼烟、取烟、雕墨模、筛烟、拌料、杵（chǔ）捣、压模、挫边、描金等工艺流程，才能制出符合书写和收藏要求的好墨。

墨的词语

墨在中国古代与学问有关，因为文人大都用墨来进行书画，所以与墨有关的词语多与文人或才华有关。如：

墨客：指风雅的文人。

舞文弄墨：指玩弄文字，含贬义。

胸无点墨：比喻没有文化。

笔墨功夫：指做文章的本领。

墨的故事

"临池学书，池水尽墨。"说的是东汉书法家张芝的故事。

张芝，擅长草书，有"草圣"之称。相传张芝练字以帛为纸，临池学书，将写过的帛在池塘里洗净后再用，久而久之，池塘水都变成了黑色。后人便将"池水尽墨"当作勤奋好学的象征。

第2课　墨（下）

文房雅玩

"传统徽墨"重生记

自清代制墨工匠创制了液体墨汁后，墨汁方便携带的特点让它越来越受到大众的青睐，墨块有了被取代的趋势。传统制墨的传承人、手艺人不愿看到墨块就这样消失，于是，他们勇敢地发起了对现代墨汁的挑战——让"传统徽墨"重生！

优劣势分析表

	传统徽墨	现代墨汁
优势		
劣势		
我的结论	

打造计划：通过分析，你对重新打造"传统徽墨"有什么计划？

非 遗 重 生 计 划 书

_____

_____

非遗的高光
时刻！

墨的创意坊

慧眼识墨：不只是黑

在生活中，普通人对墨的印象就是黑。其实，在中国水墨画中，单一的墨就有五色之分——干、湿、浓、淡、焦。再加上纸的白，这六色可使画面产生色彩的变化，完美地表现事物本身。

你能从下图的《泼墨仙人图》中发现墨的"干、湿、浓、淡、焦"吗？

《泼墨仙人图》 南宋 梁楷

说明：它描绘了一位宽衣袒腹的仙人，仙人小眼蒙眬，缩颈耸肩，步履蹒跚，呈现出一副古怪滑稽又超凡脱俗的样子。

玩转泼墨：体验泼墨画

泼墨是用笔蘸墨汁大片地洒在纸上或绢上，随其形状进行绘画的一种技法。其实不用毛笔，一根吸管，一瓶墨汁，再加上你的奇思妙想，你也能做出有创意的泼墨画。小画家们，快来试试吧！

准备：一张纸，一根吸管，一瓶墨汁和其他液体颜料。

玩法：把颜料滴或泼在画纸上，用嘴或吸管吹动颜料，让它流动起来，变化出造型奇特的画面。

第 3 课　被皇位耽搁的艺术家——宋徽宗

人物名片

赵佶（jí）（1082—1135 年），号宣和主人，宋朝第八位皇帝，书画家。

赵佶在位期间，北宋的政治形势一落千丈。从宣和元年（1119 年）开始，农民起义风起云涌，北宋王朝危机四伏。

但作为艺术家，他的造诣非常高，是古代少有的颇有成就的艺术型皇帝。他自创了一种书法字体，后人称之为"瘦金体"；他热爱画花鸟画，自成"院体"。

书家故事

引领中国文人新风尚：画中诗

在宋徽宗看来，一幅绘画作品除了主体内容——画面，款识、题跋（bá）、诗文、钤（qián）印，也都是画面不可分割的组成部分。在他流传下来的不少画作里，都能发现他大胆创新地将诗写进画里。

这种以诗入画的做法影响深远，慢慢成为中国画坛的主流。我们现在看到的中国画，基本上将诗、书、画、印四种原本互相独立的艺术形式糅（róu）为一体，缺一不可，"画中诗"成为闻名世界的中国文人艺术的经典符号，而这正是出自宋徽宗的创意。

比较一下原画和把题诗抹去的画，看看画面的平衡破坏了没有？张力减弱了没有？

《腊梅山禽图》　北宋　宋徽宗　　去除题诗后的图

皇帝亲授的艺术课

宋徽宗自己就是一位技艺高超的绘画天才，影响着北宋及之后数百年的中国画坛。也许是因为皇帝的身份，让他坐拥便利，可以任意挥洒自己的艺术天分。

后来，他在皇家画院的基础上，又开设了一所"美术教育机构"——画学，培养符合自己审美品位的宫廷画家。既然要办学校，就得有入学门槛，于是宋徽宗安排两位在绘画方面有造诣的大臣负责招生考试。他们是怎么出题的呢？

比如有道考题："深山藏古寺。"那些画了整个寺院或者是寺院四周崇山峻岭的考生自然落榜了。而真正受到宋徽宗青睐的作品却没有画古寺，只画了深山阴谷中的一条石径，尽头是一个和尚在溪边打水，大树淹没，不知寺院在何处。这些被他欣赏的画作都是在"藏"字上做文章，给人以"画有尽而意无穷"的艺术享受。

考生入学之后也不能懈怠，宋徽宗有一套严格的培养体系，甚至有时还会亲自上阵指点一番。

上课小插曲：孔雀升墩（dūn）

有次宣和殿前的荔枝树结果了，宋徽宗像小孩一样激动地前去观赏，刚好看到一只孔雀飞到树下。这时候，一般人可能只是惊叹下孔雀好漂亮，但是宋徽宗作为顶尖艺术家，发现这是个难得的"写生"好机会。

他赶紧召集画师描绘，让他们从不同角度刻画孔雀。画师们使出看家本领，其中有几幅画如实画出孔雀正抬腿上藤墩的场景，宋徽宗看了并不满意，连连摇头说："画得不对。"大家疑惑，明明画得很像嘛。

几天后，宋徽宗给画师们揭开了谜团，因为"孔雀升高先抬左腿"。原来，宋徽宗纠结的是画师们都画成抬右腿了！这足以可见，宋徽宗对艺术写实的要求有多高，同时也反映出宋徽宗观察细腻入微，能洞察到普通人看不到的地方。

鉴宝时刻

超级放大镜：精细刻画

宋徽宗几乎是以一己之力引领了当时的绘画风潮，他以那华丽富贵的工笔花鸟画闻名于世。那么，对这位天才画家来说，什么样的画才能称得上极品呢？

首先，在合乎情理的基础上，宋徽宗强调画面的诗意和新意。这就要求画师有超脱的精神气质和深厚的文化底蕴，有文人特色，从画学考试的出题方式上就能看出这一点。

再者，要求画师必须注意观察绘画的对象。孔雀升墩的故事就说明，宋徽宗对微小的事物，观察得特别精确透彻。

除此之外，刻画要精微细腻，不仅要求画得像、画得工细，还要以生动传神为最佳。比如，宋徽宗为了能画出小鸟眼睛的闪烁灵动，他常常用生漆点睛，就像一粒小豆子隐约浮在纸面上。

帝王书法

从前面的一些作品中，大家可能已经注意到宋徽宗与众不同的书法。他写的字飘逸犀利，有极强的个人风格，这种书体被称为"瘦金体"。"金"指的是"筋骨"的"筋"字，为了对皇帝御笔表示尊重而改称"金"。

瘦金体的特点是瘦硬、刚健、挺拔，撇捺尖锐，像利刃刺出，潇洒有神采，又有浓烈逼人的皇家富贵气息。这种字的结体瘦韧，锋芒尖锐，运笔迅速，有种在刀尖上起舞的感觉，观之又多了几分惊心动魄之感。

他的朋友圈

艺术同行的小伙伴：赵令穰（ráng）

赵令穰，字大年，是宋太祖赵匡胤（yìn）的五世孙。赵令穰自幼爱好书画，饱读诗书，艺术造诣颇深。宋徽宗登基前和赵令穰往来频繁，常常在一起交流书画技艺与收藏心得。

赵令穰擅长画富有诗意的小景山水，画面尺幅不大，以优雅情趣取胜。据传，由于是皇家子弟，他不能随心所欲远游，日常所见仅仅是城郊的山野风光，因此他常画"京城外坡坂汀渚（zhǔ）之景"，绝少大江大河。

《湖庄清夏图》局部　北宋　赵令穰

《湖庄清夏图》这幅画里没有壮阔雄浑的崇山峻岭，展现的是平远虚旷的水村景象，画面宁静清幽，充满诗意。这就是"小景山水"。

文房雅玩

画学考试

在宋徽宗开办的画学里，不仅有绘画造诣深厚的大臣出考题，宋徽宗本人也会给考生们出考题。他会以古人诗句来命题，考验考生的理解力、想象力、绘画等能力。下面这道"徽宗考题"，你来挑战看看？

考试题目：踏花归去马蹄香。

绘画构思：你想怎么表现"花香"呢？

绘画思路

我要画：＿＿＿＿＿＿＿＿＿＿＿＿＿＿＿＿＿＿＿＿＿＿＿

＿＿＿＿＿＿＿＿＿＿＿＿＿＿＿＿＿＿＿＿＿＿＿＿＿＿＿

班级评选：跟班级的小伙伴比一比，看看谁能获得最具创意奖？

第4课 "书圣"王羲之

人物名片

王羲之，字逸少，东晋时期书法家，有"书圣"之称。他出身于名门望族、书法世家，他的父亲、叔父、堂伯父、堂兄弟等都是当时的书法名家。

王羲之在学习前人书法的基础上，创造了不同于汉魏的草书、楷书、行书，完成了一次又一次伟大的书法革新，对后世书法产生了无可替代的影响。

其代表作《兰亭集序》，被誉为"天下第一行书"。在书法史上，他与其儿子王献之被誉称为"二王"。

书家故事

羲之爱鹅

会（kuài）稽（jī）（中国古代郡名）有一位孤老太太养了只鹅，叫声颇为动听，王羲之派人去买，老太太不卖。王羲之就邀了朋友前去观赏。老妪（yù）听说王羲之要来，就杀了鹅准备款待他。王羲之知道后，只能仰天长叹，实在是可惜了这一只好鹅，他还为此难过了好几天。

王羲之爱鹅的故事还有很多。他之所以喜爱鹅，固然是文人雅事、陶冶情操，但更为关键的是，他从鹅的体态、行走、游泳等姿势中，体会出书法运笔的奥妙，领悟到书法执笔的原理。可以说，鹅是王羲之书法的形象代言人！

据说，位于浙江省绍兴市兰亭风景区的鹅池碑上"鹅池"二字是王羲之、王献之父子合写的。

入木三分

王羲之的字写得这样好，与他的天资有关系，但最重要的还是离不开他的刻苦练习。

东晋明帝有一次要到建康北郊覆舟山祭祀土地神，让王羲之把祭文写在木制祝板上，再派人雕刻。刻字者先用刀削木板，发现王羲之的墨迹竟渗进木板深处，剔去三分厚才见白底。引得木工连连惊叹："竟入木三分！"这足见王羲之笔力非常雄厚，已经到了炉火纯青的地步。

这件事情轰动了整个都城，"入木三分"也成了人人皆知的成语了。

后人便根据这段故事情节，直接用"入木三分"来形容人们写的文章或者是说话的内容非常深刻。

其实与王羲之有关的成语还有很多：崇山峻岭、矫若惊龙、意在笔先、游目骋怀……

鉴宝时刻

一场春游聚会，挥毫成就"天下第一行书"

东晋永和九年（353年）三月初三这一天，天朗气清，惠风和畅。王羲之和朋友们来到浙江绍兴城南的兰亭集会。

大家愉快地坐在小溪边，欣赏美丽的自然风光。兰亭的风光特别美，有险峻的山岭，有茂密的竹林，还有湍急清澈的小溪。心情愉悦的人们围坐在小溪之畔，玩起了"曲水流觞（shāng）"的游戏——将酒杯放置在水中，顺水漂流，酒杯停在谁的面前谁就要将酒饮尽并作诗一首，作不出来就要罚酒。一群风流倜傥的文人雅士饮酒作诗，好不快活！

临近日暮时分，有人提议，将今日大家所作的诗收编成集，名字就叫作《兰亭集》。大家一致推荐王羲之给诗集写一篇序，王羲之心情愉悦，借着酒意提笔挥毫，一气呵成，写成了名动天下的《兰亭集序》，又叫《兰亭序》。整篇序文行云流水、潇洒飘逸，每个字各具神态，相同字的写法又有非常多的变化。

300年后，唐太宗李世民对这幅作品非常推崇，于是召集许多书法家来临摹。从此，王羲之挥毫而就的这篇作品，被誉为"天下第一行书"，王羲之也被尊为"书圣"。据说，今天我们在博物馆看到的《兰亭集序》都是后人临摹的，王羲之的真迹已失传。

一封一千六百多年前的信：《快雪时晴帖》

《快雪时晴帖》被认为是代表了中国古代最高书法艺术成就的作品

之一。1677 年，该作品流入清宫内府，得到了乾隆皇帝的无上的宠爱。五十多年间，乾隆临仿此帖不下一百次。

写信人王羲之并没有投入与乾隆皇帝一样的隆重态度来写这封信。他只是因为天气变化——快雪时晴（刚才下了一场雪，现在又转晴了），想给自己的朋友——山阴张侯，写一封简短的信。王羲之甚至连结尾都没有过多思索，直接老实地写"力不次"——没劲儿了，所以就这样。短短 28 个字，向朋友传递着一些微妙的心情——快雪时晴，真好，但愿你也好。

《快雪时晴帖》　东晋　王羲之

他的朋友圈

启蒙老师：卫夫人

卫夫人是东晋著名的女书法家。王羲之小时候曾拜卫夫人为师，可以说，她是"书圣"的书法启蒙老师。

她教授书法的方法很有意思。她会把一个字拆开，让学生去想象每个笔画的形象。比如，她教王羲之练习"点"。她不仅让王羲之看毛笔沾墨以后接触纸面所留下的痕迹，还要王羲之去感受写"点"像"高峰坠石"的感觉。可以想象，卫夫人可能真的带王羲之到山上，让他体会石头从山峰上坠落下去的感觉，甚至还可能丢一块石头要王羲之去接。

除此之外，卫夫人对每个笔画都有自己独到的理解和想象，她把这些见解和看法写在了《笔阵图》一卷中。

疯狂粉丝：唐太宗

王羲之作为一代书圣，从古至今，得到许多人的喜爱。但要说到头号粉丝，非唐太宗李世民莫属。

唐太宗曾下令要把王羲之的作品全部买下，但遗憾的是，他始终找不到王羲之最为著名的作品"天下第一行书"——《兰亭集序》。后来，唐太宗得知王羲之死后，《兰亭集序》作为传家宝传到了他的七世孙智永和尚手中。智永也是书法名家，他没有子嗣（sì），便将《兰亭集序》交给了他的弟子辩才和尚。唐太宗为了得到《兰亭集序》想尽各种办法，最后让监察御史萧翼骗得辩才的信任，取走《兰亭集序》。这就是著名的"萧翼赚兰亭"的故事。

唐太宗临终前立下遗嘱，将《兰亭集序》陪葬入昭陵。从此天下人便无缘再见《兰亭集序》真迹。唐太宗在世时，曾命唐代大书法家欧阳询摹写了数本《兰亭集序》，分别赏赐给太子和大臣，但大多数摹本都在历史长河中佚失了。庆幸的是，当年冯承素用双钩廓填的方法制作的一件

《兰亭集序》摹本保存了下来，流传至今。因为这件摹本上面有唐中宗神龙年号小印，因此人们都习惯称其为"神龙本"。

名词解释

双钩廓填：中国古人发明的一种复制书画的方法。用一张透明的薄纸或是涂了蜡的纸，铺在原作上描出轮廓，再将其描到要复制的纸上，然后用墨逐笔填写。这样的复制品几乎与原迹一样，保持了原作的神韵。

脑洞时刻

假如"书圣"到唐朝

王羲之在唐朝就有了"书圣"的称号。

话说某日，炎炎盛夏，酷暑难耐，"书圣"正袒腹于东床之上。忽然一阵风吹来，待他反应过来，自己已到了唐代，体验了一趟"唐代穿越"之旅。

王羲之第一个见到的就是自己的头号"粉丝"——唐太宗，并被太宗盛情邀请到了太极宫的甘露殿，二人促膝闲聊达数个时辰。

就在他们聊得正酣（hān）之际，欧阳询进宫参见唐太宗。他一见"书圣"，便忘了自己此行的目的。

欧阳询说："我生于南朝，早年在南方度过，唐朝建立后到了北方，因而书法面貌兼融'南北'书风，吾幼学先生书法，心向往之。书法的面貌在极大程度上继承了您的风格，同时融入了个人的理解，并有所强化。"

"书圣"疑惑道："你的'强化'，所在何处啊？"

欧阳询回答说："我的书法多以侧势起笔，并将力度与摆动的幅度增大。同时，又对线条的俯仰、转折的幅度，以及提按力量感予以分明，因而给人以峻利、险劲之感。不过，并非如晋人那般侧锋切笔，以求刀刻效果，而是

'容与风流''媚若银钩''丽则绮靡而清遒''宛转兮似兽伏龙游'。"

"书圣"频频点头，心里却想着自己还没"游大唐"，好不容易离开了大殿走到宫门口，便见一人立于轿前。

那人恭敬道："晚辈虞世南，字伯施，先生舟车劳顿，一路辛苦！"

"书圣"笑道："一阵风吹来的，未舟车，不辛苦。"

虞世南说："伯施青年时代学书于智永禅师，自谓是先生一系的嫡传弟子，我的书法胎息于您，唯字形偏长，虽看起来增添了华美飘逸之感，但最终与线条的质朴之感相抵消。"

"书圣"说："文质相宣，妙哉妙哉！"

说完，又赶紧走出宫门，"书圣"于长安的街道上优哉游哉地闲逛，忽见一众人好不热闹，凑近一看，原来是赛马比赛，其中一位将军模样的人风范翩翩，"书圣"的兴趣完全被其吸引。

此人正是颜真卿，此时，颜真卿也看到了"书圣"，忙到其面前作揖："久仰先生大名！很多人说我的行书是对您的反抗，其实他们误解了，我不过是从另一视角继承您罢了，将您的书法中厚重、古朴、沉着的一面加以发扬。"

"书圣"道："想来你的书法中，必充满驰骋沙场的张扬、飒爽之气！"

颜真卿点头说："不愧是书圣！吾之行书，鲜少有侧锋取妍，而是将篆籀之法搬移至行草书中，运以中锋，出以疾涩，并佐以稳健的提按顿挫，同时，笔锋随绞随散，节节变换，力透纸背。"

"书圣"听完，慨叹道："我仿佛被一股英气包围着……"

"书圣"没有想到，这次的"游大唐"，让他看到了：他的书法已成了文人墨客争相临摹的范本，唐朝的书法家在继承其书法的基础上创新发展，将书法艺术发扬光大。他倍感欣慰！

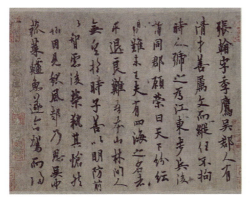

《张翰帖》　唐　欧阳询

临《兰亭帖》　唐　虞世南

《祭侄文稿》局部　唐　颜真卿

　　看完三位唐朝书法家的书法介绍，且对比他们的作品，你更想向"书圣"推荐谁呢？

　　我的推荐：＿＿＿＿＿＿＿＿＿＿＿＿＿＿＿＿＿＿＿＿＿＿＿

　　推荐理由：＿＿＿＿＿＿＿＿＿＿＿＿＿＿＿＿＿＿＿＿＿＿＿

　　你知道历代书法大师中，还有谁是"书圣"的粉丝吗？

"书圣"粉丝群

人名：_____ 朝代：_____ 代表作：_____

人名：_____ 朝代：_____ 代表作：_____

人名：_____ 朝代：_____ 代表作：_____

人名：_____ 朝代：_____ 代表作：_____

第 5 课　青出于蓝的王献之

人物名片

王献之（344 − 386 年），字子敬，小名官奴。"书圣"王羲之幼子，东晋著名书法家、诗人、画家。

王献之自幼随父王羲之练习书法，以行书及草书闻名，在楷书和隶书上亦有深厚功底。在书法史上，他与其父并称"二王"，并有"小圣"之称。

书家故事

十八口大缸

王献之是王羲之的第七个儿子，书法天赋极高。他从小跟随父亲学习书法，立有大志：要像父亲那样勤学苦练，做一个书法大家。但是他学了一段时间后，就流露出了怕苦怕累的情绪，奢望有一条通向成功的捷径。

有一天，王献之走进父亲的书房，见父亲正在案头挥毫，就走到王羲之跟前，毕恭毕敬地说："人家都说您的字写得好，请您把写字的秘诀告诉我吧！"王羲之听完放下毛笔，看看儿子，心想：写书法没有扎实的基本功，怎么可能入人眼目呢！于是他走到窗前，指着院内的一排大缸说："写字的秘诀就在这十八缸水里，你把这十八口缸里的水写完，自然就知道了。"

王献之听了将信将疑，暗自下决心要拿出成果给父亲看。于是他按父亲的要求，天天从缸里蘸水磨墨，挥笔临帖。他写完一缸水，觉得有点成绩了，捧着自己的得意作品给父亲看。王羲之翻阅后没有作声，见其中"大"字的架势上紧下松，便提笔在下面加一点，成了"太"字，然后把字稿全部退还给他。

王献之心中有点不是滋味，又将全部字稿拿给母亲看。母亲揣摩许久，指着"太"字说："只有这一点像羲之。"王献之走近一看，原来母亲指的正是父亲在"大"字下面加的那一点！

王献之满脸羞愧，他意识到自己写完整整一缸水，连一"点"都还没有写得像父亲的，写字功底还差远了，于是一头扎进书房，天天研墨挥毫，继续刻苦临习。后来，他终于成为举世闻名的书法家，与其父齐名，并称"二王"。

真名士，自风流

羊欣是王献之的外甥，跟随王献之学习书法，隶书、行书、草书都写得不错。他名重当时，被评为"一时绝妙"，尤以楷书用功极深，酷似王献之，甚至可以乱真。当时王献之的书法很难求，人们如能得到羊欣的作品也很高兴。因此，当时流行一句俗话："买王得羊，不失所望。"

一次，王献之前往羊欣住处，羊欣穿着一袭崭新的白色绢裙正在午睡。王献之一时兴起，就着羊欣的绢裙挥毫书写，羊欣醒来后不但不埋怨，反而因获得王献之的墨宝而欢快不已，当即珍藏起来。

鉴宝时刻

小楷书法传世名作：《洛神赋》

《洛神赋》为三国时期曹魏文学家曹植所作。曹植多方着墨，描绘洛神之美，生动传神。

王献之的《洛神赋》是小楷书法的经典之作，可谓字字精妙，给人一种身材修长曼妙、明眸善睐的豆蔻少女的感觉。后人学习小楷，大多以此帖作临摹范本。

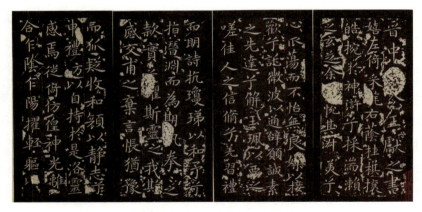

《洛神赋》　东晋　王献之

写给朋友的一封短信：《鸭头丸帖》

王献之擅长楷书、行书、草书、隶书等多种书体，其中要属草书最有魅力了。《鸭头丸帖》是王献之的草书代表作。在古代，鸭头丸是一味中药，有利尿消肿的功效。写此帖时，王献之正在服用鸭头丸，觉得效果不好，以此为由写信给好友，说这个药丸"故不佳"。

此帖写在巴掌大小的绢上，十分简短。虽然只有寥寥两行15字，但用笔、结字及整体章法均有新意，风格雄秀、放逸。

《鸭头丸帖》　东晋　王献之

一笔书：《中秋帖》

史书上曾经记载，王献之擅长一笔书。从《中秋帖》中就可以看出，上下文字有笔画相连，即使是不连笔的字，也可以看到前后呼应的笔意和笔法上丰富的变化。

《中秋帖》　东晋　王献之

名词解释

一笔书：王献之的一笔书指的是他的草书连绵的体势，不是说通篇一笔写完，而是笔断意不断，甚至在换行的时候都不间断，一气呵成。

他的朋友圈

与献之兄弟情深：王徽之

在众兄弟中，王徽之与弟弟王献之的感情最深，王献之对哥哥王徽之也十分敬重。

后来，王献之身患重病不起，先于哥哥离开了人世。王徽之的家人怕他接受不了这个令人痛心的消息，就没有把弟弟病死之事告诉他。可王徽之时时刻刻都在惦念病中的弟弟，很快就从家人的表情中猜到了事情的真相，随即泣不成声。

王徽之在家人的陪同下，来到王献之的家。他知道弟弟生前喜欢弹琴，便要弟弟的家人把弟弟的琴取来。他坐在灵床上一边弹琴，一边回想着兄弟两人的深情厚谊，越想越痛心，他连着弹了几次都难以成曲，于是高举手中的琴向地上掷去。琴被摔碎了，他长叹一声便昏倒在灵床上。

过了月余，他也随弟弟驾鹤西去了。兄弟二人间的深情厚谊，从此成为千古美谈。

文房雅玩

探秘三希堂

三希堂是故宫养心殿西侧暖阁的一间小屋子，屋子的正墙上有三个大字——"三希堂"，是乾隆皇帝写的。在乾隆皇帝收藏的所有历代书法作品中，有几件是他喜欢得茶不思饭不想的宝贝，就放于三希堂中。

三希堂除了藏有王献之写的《中秋帖》，还收藏了很多书画名家的稀世珍品，就好像一间小小的书画博物院。

通过搜集资料，你知道三希堂还有哪些书画珍品吗？如今，它们又到哪里去了呢？

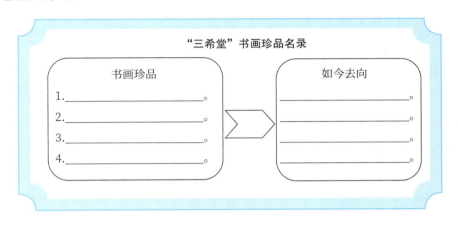

"三希堂"书画珍品名录

书画珍品

1.＿＿＿＿＿＿＿＿＿＿＿。
2.＿＿＿＿＿＿＿＿＿＿＿。
3.＿＿＿＿＿＿＿＿＿＿＿。
4.＿＿＿＿＿＿＿＿＿＿＿。

如今去向

第6课　石鼓上的史诗

西周后期，汉字字体逐渐脱离图画的原形，演变为大篆（zhuàn）。从此奠定了方块字的基础。一般而言，大篆专指通行于春秋战国时期的秦国文字。大篆的遗迹，一般认为是石鼓文。

文字故事

唐朝初年，有人偶然间在今陕西省宝鸡市的荒郊野地里，发现了10个花岗岩材质的石墩子，每个墩子高约0.9米，直径约0.6米，顶圆底平，像鼓。荒野中石头遍地都是，并不稀罕，但当人们擦去石头上的泥土时，惊奇地发现，上面居然刻有文字，但这些文字却没人能看得懂！这消息一传出，立刻引起了轰动，远近的文人墨客都闻讯赶来。

杜甫、韩愈等纷纷为这10个石鼓吟诗作赋，以表达发现石鼓的欣喜若狂。其中，韩愈的《石鼓歌》最为有名。诗中提到，石鼓上的古文字斑斑驳驳，字迹仿佛神仙一样飘逸；错落有致的点画，使人仿佛置身于龙宫水府。

石鼓的价值，在于石鼓上的文字。

走近石鼓，就会发现它身上斑驳的文字痕迹。当时的人们翻阅了所有的书籍、档案，也没有找到类似的字体。于是他们认定，石鼓上的文字，属于我国文字演进史上缺失的一环，并称之为"石鼓文"。石鼓文是中国现存最早、文字最多的石刻文字，它填补了金文向小篆过渡的空白，是秦统一六国前大篆书法的经典之作。也就是说，凿刻这些文字的年代距今至少有两千三百年，这些文字记述了秦始皇统一天下以前一段不为人知的历史。

唐代书法家们对石鼓文推崇备至，当时的书法大家欧阳询、褚（chǔ）遂良、虞世南等都亲自到石鼓的发现地，临摹石鼓文并制作拓（tà）本。

名词解释

拓本：把湿的纸覆盖在碑刻、青铜器等器物的文字和花纹上，经过拍打，使湿的纸与器物紧密贴合，再用蘸了墨的扑子轻轻在上面敲打，在纸面上形成黑底白字的图像。在印刷术还没有发明的时代，拓本是除了抄写外，文字传播的主要方式。

鉴宝时刻

书家第一法则

经唐代学者们研究，每面石鼓上刻有四言诗一首，记述了秦国君王打猎游乐的盛况，反映了当时社会的政治、经济、文化等状况。这 10 个石鼓，后来取其所刻诗篇的前两个字进行命名，即"吾车""汧（qiān）殹""田车""銮（luán）车""靁（líng）雨""作原""而师""马荐""吾水""吴人"等。石鼓文比甲骨和青铜器上的文字大很多，是中国书法史上最早的大字作品，也是我国现存最早的石刻文字。

石鼓文方正均匀，舒展大方，笔法圆润，笔意凝重，给人一种优雅端庄、自然古朴的感觉，被历代书家视为练习篆书的重要范本，故有"书家第一法则"之称誉。

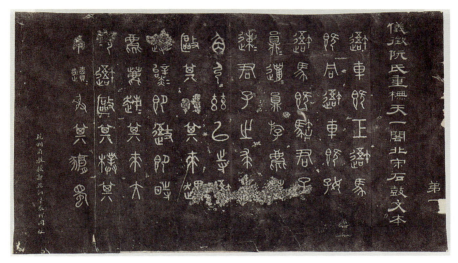

清　仪征阮氏重抚天一阁北宋石鼓文本

延伸阅读

石鼓颠沛流离的命运

806 年，大文学家韩愈上书朝廷，请求把石鼓搬到太学府，好好珍藏。但是他的建议并没有被朝廷采纳，10 个石鼓仍然在荒郊野地里遭受着风雨的侵蚀。直到多年后，石鼓才被移到凤翔孔庙，然而此时 10 个石鼓只剩 9 个，有 1 个已经不知去向。

北宋仁宗年间，有个名叫向传师的读书人，在一个农民家里发现了这个消失很久的石鼓，虽然这个石鼓已被农民用作春（chōng）米的臼

(jiù)，并且被截短了一节，但 10 个石鼓总算凑齐了。

宋徽宗爱好书画而且喜欢收集奇石，他听说了石鼓，便命宰相蔡京将石鼓运到都城汴京（今河南开封），下令用金子把石鼓上刻的字填起来，防止有人对石鼓进行捶拓、制作拓本，保护石鼓不再受损。

但是好景不长，靖康之乱中，金兵攻陷汴京。金兵在掠夺财宝时，看见石鼓上嵌有金子，于是将石鼓运到金朝都城中都（今北京西南）。后来，由于石鼓太沉，搬运不便，便将石鼓上的金子剔取出来，石鼓则被抛弃于荒野。

元朝建立后，石鼓被找回并保存在国子监，一直到民国时期。"七七事变"前，故宫博物院将文物南迁，把石鼓运到后方保存，抗战胜利后又迁回北京，现陈列于北京故宫博物院的旧箭亭内，历经沧桑的石鼓终于找到了安身之所。按原石推算，10 个石鼓应有七百余字，现仅存 327 字。由于经历沧桑，石上的许多文字已残缺，其中一个石鼓上的字迹已完全看不清了。

知识小链接

文物保护史上的奇迹——文物南迁

抗战期间，为躲避战火，保护文脉，故宫博物院进行了意义深远的国宝迁移行动。

在长达 25 年里，一万九千余箱文物在第一代故宫人的守护下，有了一场特殊的历险：它们坐过金陵的火车，看过秦岭的雪，划过岷江的竹筏，进过安顺的山洞，住过峨眉的寺庙和安谷的祠堂……跨越了大半个中国。

脑洞时刻

保护文物：如何"打包"石鼓呢?

石鼓真正的价值在于它上面的文字。文字一旦消失，它就是一块普通的花岗岩大石头。

当年故宫文物南迁时，为了保护好石鼓上的"石鼓文"，故宫的专家们费了不少心思。他们通过一系列的操作，才把这些重量级的文物"打包"好。

以你的生活经验，你觉得打包石鼓需要几个步骤呢?

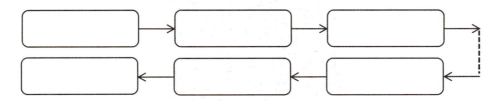

对比一下文博专家的专业文物打包技术，你对保护文物有什么新认识?

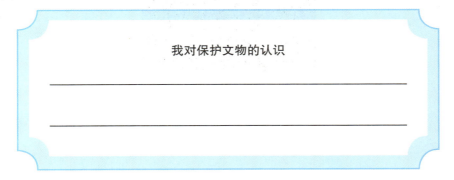

我对保护文物的认识

文房雅玩

解密"石鼓文"

石鼓上的铭文虽然被时光磨去了很多痕迹，但从残存的文字中，可以依稀看到它与我们现在所使用的汉字有联系。

看看石鼓上，用红色圆圈圈画的这两个石鼓文是不是字形相近？猜猜它们分别是哪两个汉字呢？

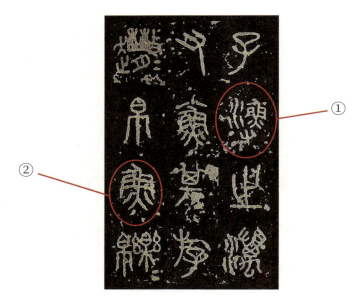

清朝人制作的"石鼓"文创品——巴慰祖石鼓墨

清朝人把墨做成石鼓的形状，并在鼓的两面分别篆刻大篆鼓文和楷书释文，还填上了金色装饰。

第 7 课　颜色里的中国黄（上）

黄色是一种明亮的颜色，让人感到轻快、辉煌，充满希望。许多花卉、果实或种子都是黄色的，比如迎春、蜡梅、向日葵的花，枇杷和杏的果子，以及麦穗等。隋唐开始，黄色成了皇室专用、高不可攀的颜色。

中国画中使用的黄色，主要来自矿物质。根据颜色深浅不同，又分为石黄、雄黄、雌黄、土黄等，其中石黄是正黄色，雄黄是橙黄色，雌黄是金黄色，土黄是土的黄色。还有一种特殊的藤黄，是海藤树的枝干分泌出来的树脂，色彩非常艳丽，可用它来画树叶、花朵。

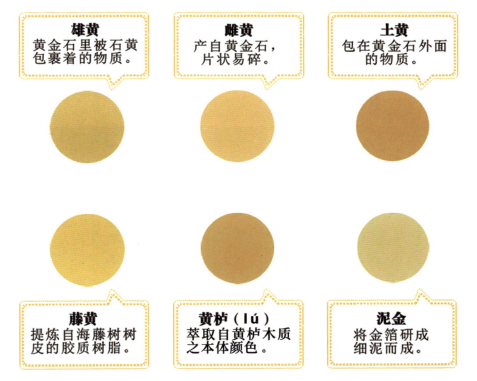

雄黄
黄金石里被石黄包裹着的物质。

雌黄
产自黄金石，片状易碎。

土黄
包在黄金石外面的物质。

藤黄
提炼自海藤树树皮的胶质树脂。

黄栌（lú）
萃取自黄栌木质之本体颜色。

泥金
将金箔研成细泥而成。

仔细想象这些美丽的黄色图画：有诗人在黄色华盖和大旗下惆怅张望；有黄色骏马踏水而来，黄色壮牛顽皮吐舌；有金黄旭日在海面冉冉升起，橙黄枇杷在枝头闪闪发光……

鉴宝时刻

像牛郎织女一样，不能在一起

三国时期的大诗人曹植写有名篇《洛神赋》，讲述了自己偶遇洛水女神而又分别的凄美故事。后来"画祖"顾恺之将故事绘成了《洛神赋图》。

下图是《洛神赋图》的最后一幕，也是所有人神之恋的共同结局——像牛郎和织女注定要分开一样，曹植和洛神终究不能在一起。洛神一去不复返，万般无奈的曹植只得踏上归程。他坐在马车上，头顶有黄色的华盖，身后是飘扬的黄色大旗，他心中还存有一线希望，仍然在回头张望……

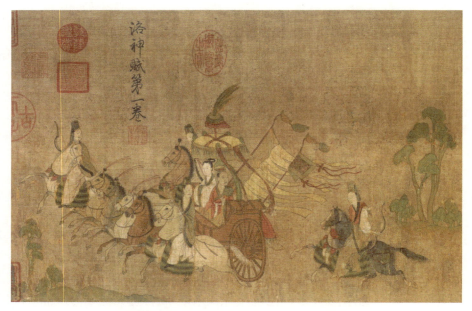

《洛神赋图》摹本局部　东晋　顾恺之

劝农劝耕，国泰民安

韩滉（huàng）是唐朝的一位宰相，擅长画农村风俗与牛、马等动物。《五牛图》是其代表作，一共画了五头牛。我们先看看其中的第四头，这是一头身躯高大的黄牛，挺立着两只尖尖的犄（jī）角，扭着头，还调皮地半伸出舌头，好像在向身后的小伙伴使眼色。

中国非常重视农业生产，历朝历代都积极鼓励农业生产，因为只有丰衣足食才能国泰民安，而画牛则象征着鼓励辛勤耕种与劳动。

《五牛图》局部　唐　韩滉

黄澄澄的枇杷果

五月的江南，阳光下黄澄澄的枇杷果闪闪发光，十分诱人。香甜熟透的果实，引来了一只爱吃浆果的绣眼鸟，它停在枝头，翘着尾，伸着颈，正想去啄食，却发现枇杷果上爬着一只小蚂蚁……

画面记录了鸟儿忽然停嘴、定睛端详小蚂蚁的这一瞬间，树叶的正背面色彩深浅不同，连虫儿蛀咬的洞痕都清晰写实，就像用相机按了快门一样，这一幕被完全定格了下来。

《枇杷山鸟图》　南宋　林椿

送妈妈一株忘忧草

常常出现在我们餐桌上的黄花菜，其实有一个很好听的名字，叫忘忧草。据说吃了它，能够让人欢乐，忘记忧愁。它还有一个名字，叫"萱草"，代表了母爱。古时候，孩子长大要远行前，会在家里种萱草，希望母亲忘却烦恼，以减轻母亲对孩子的思念。每年的母亲节，除了送给妈妈康乃馨，也可以送美丽的萱草！

《春华图册·萱草》局部　清　恽（yùn）寿平

赏图猜想

被缩小的毛驴

张果老是八仙之一，他神通广大，倒骑着小毛驴，一天能走几万里。休息时，小毛驴可以收缩变小，藏在布袋之中，真是个方便的交通工具。

张果老来到长安，给唐明皇表演法术。他双掌掌心向上，脸上露出高深莫测的笑容，突然，那只小毛驴从布袋中跑了出来，身上还带着鞍子呢。画面中身着黄袍的唐明皇，手扶圈椅，身体前倾，惊奇地看着向他直奔而来的小毛驴。

观察《张果老见明皇图》，思考黄色为何成为古代帝王专用色。

《张果老见明皇图》局部　元　任仁发

苏轼的秋游

初秋时节，宋朝的大文豪苏轼和他的几位好朋友乘船到赤壁游览。辽阔的水面上，除了这一叶扁舟，还有夕阳洒下的金晖。船头有童仆煮茶，船尾是船夫摇橹（lǔ），一派安详平和景象。此时，一位好朋友开始吹奏排箫，箫声贴着水面荡开，越发悠扬了。

正是因为这次秋游，苏轼写出了《赤壁赋》这篇千古流传的佳作。

了解了苏轼秋游的故事，你觉得仇英这幅《赤壁图》哪里不对？

《赤壁图》局部　明　仇英

第8课　颜色里的中国黄（下）

文房雅玩

《洛神赋图》的现代演绎：绘本《洛神赋》

两千年前，在洛水河畔，曹植和洛神凄美的爱情故事感动了"画圣"顾恺之，使之挥毫泼墨，世人才有幸目睹中国十大经典画作之一——《洛神赋图》的风采。

两千年后，在西子湖边，一位美丽的90后杭州姑娘——叶露盈，惊叹于顾恺之美学之精美绝伦，拿起现代人的画笔重新诠释《洛神赋》。

绘本《洛神赋》封面图

非遗新玩法

设计"最大同"的校园屋顶

走进故宫，你一定会被恢宏的皇家宫殿所震撼——琉璃黄的屋顶，让整个建筑群，显得金碧辉煌，极具奢华。

这炫目的琉璃黄屋顶上，隐藏着中国古代建筑的伟大发明——琉璃瓦。不同规格的琉璃瓦，彼此咬合，层层叠叠，一直延伸到屋檐末端的瓦当，连接形成密不透风的大伞，为宫殿遮风挡雨。

故宫屋顶

其实，在古代建筑中，经常可以看到"瓦"的身影。智慧的劳动人民还在"瓦当"和"滴水"上设计了精美的纹样来装饰建筑。

以青瓦为例

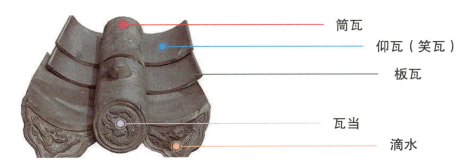

筒瓦

仰瓦（笑瓦）

板瓦

瓦当

滴水

这些纹样取材广泛，有山峰云海、虫鱼鸟兽、花草树木……还有吉祥语等篆字，劳动人民将对自己家庭的美好希望寄托其中。

纹样

设计任务：大同小学的校园屋顶准备进行改造——换成琉璃瓦屋顶。请你将学校元素融入瓦当的纹样设计之中，设计出"最大同"的校园屋顶。

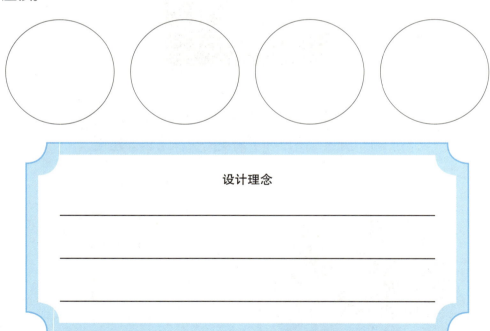

设计理念

四年级《文房四宝》教学过程

主题一 墨

教学目标	初步了解墨的发展历史。 初步了解墨的主要种类、制作方式。 鉴赏古墨，知道墨的故事，激发学生热爱中华传统文化的情感。
教学重点	掌握墨的生产历史，学会鉴赏古墨。
教学方法	创设情境法。 体验法。 小组合作探究法。
教学准备	电子教材、PPT、课前收集资料。
教学用时	2 课时。

第 1 课 墨（上）

一、激趣导入，参观书法王国

1. 边听古典音乐边欣赏书法作品，引发学生兴趣。

2. 师：你在书法王国里看到了什么？我们欣赏了这几幅非凡的书法作品，如果想要写出这些漂亮的书法作品需要哪些材料呢？（笔、墨、纸、砚）

二、了解文房四宝

"笔、墨、纸、砚"合在一起有一个很好听的名字，叫"文房四宝"，它是我们中国人发明的。我们中国古人真是了不起！通过大屏幕我们一起来了解什么是"文房四宝"。

（观看课件视频，了解文房四宝）

"文房四宝"是中国特有的书写工具。"文房四宝"之名起源于南北朝时期。在南唐时，"文房四宝"特指诸葛笔、李廷圭墨、澄心堂纸、龙尾砚。自宋朝以来，"文房四宝"则特指宣笔、徽墨、宣纸、端砚。

三、阅读文房名片

墨，是一种黑色块状的研磨颜料，被广泛运用于书写、绘画、拓碑等方面。

墨是古代书写中必不可缺的用品。借助这种独创的颜料，中国书画奇幻美妙的艺术意境得以实现。

四、学习墨的前世今生

1. 学生自主阅读"墨的前世今生"。

原始社会时期，人们就开始用天然有色矿石作画，这些有色矿石可以看作是墨的雏形。商代甲骨上留有的天然石墨的痕迹，被认为是最早的墨迹。史前彩陶纹饰、竹木简牍、缣帛书画等，到处都留下了原始用墨的遗痕。

西周时期，人工墨开始出现。

汉代还设置了专门掌管纸、墨、笔等物的官制，定期向文官发放墨块。据东汉应劭所撰《汉官仪》记载，汉代尚书令、仆、丞、郎等官员每月可领取隃麋大墨、小墨各一枚。隃麋在今陕西省千阳县，靠近终南山，其山松林甚多，盛烧烟制墨。

魏晋南北朝时期，墨的质量不断提高。北魏贾思勰著有《齐民要术》，其中一篇《合墨法》是我国最早讲制墨工艺的文献。

唐代制墨名工奚超、奚廷珪父子，制出了"丰肌腻理，光泽如漆"的好墨。唐代还出现了有色墨，有用雌黄研细加胶合制而成的黄墨，还有用朱砂研细后加胶制成的朱墨。

……

2.指名交流。

预设 B、C 层次学生：我觉得唐代的墨质量非常高，已经达到了鼎盛时代。

预设 A 层次学生：液体墨汁的创制是墨史上的又一次革新，给中国书画艺术的发展带来了新的生机。

五、了解墨的制作方式

1.观看视频介绍。

师：同学们，接下来我们一起观看一段视频，来了解墨的制作过程。

2.学生观看后互动交流。通过观看视频，学生了解到墨的制作需要经过炼烟、取烟、雕墨模、筛烟、拌料、杵捣、压模、挫边、描金等工艺流程。

3.教师总结：只有经过这一系列精准工艺流程，才能制出符合书写和收藏要求的好墨。

六、了解与墨有关的词语

1.学生自主阅读"墨的词语"。

师：墨在中国古代与学问有关，因为文人大多用墨来进行书画，所以与墨有关的词语多与文人或才华有关。同学们，你们能说一说还有哪些与墨相关的词语吗?

2. 同桌交流。

墨客:指风雅的文人。

舞文弄墨:指玩弄文字,含贬义。

胸无点墨:比喻没有文化。

……

七、学习墨的故事

班级朗读员讲"临池学书,池水尽墨"的故事。

八、书画欣赏,练习运笔

师:有了这些书写工具的帮助,大家就能进行毛笔书写了。从古至今,有许多优秀的书法作品流传了下来,我们一起来欣赏欣赏。

(课件出示各类优秀书法作品)

第2课 墨(下)

一、观画导入

欣赏齐白石的山水画,激发学生回答问题。

教师提问:

1. 画中有什么?

2. 画是什么颜色的?

3. 用什么画的?

二、对比传统徽墨与现代墨汁

1. 师：自清代制墨工创制了液体墨汁后，墨汁方便携带的特点让它越来越受到大众的青睐，墨块有了被取代的趋势。传统制墨的传承人、手艺人绝不愿看到墨块就这样消失，于是，他们勇敢地发起了对现代墨汁的挑战——让"传统徽墨"重生！

2. 小组分工合作完成表格。

优劣势分析表

	传统徽墨	现代墨汁
优势		
劣势		
我的结论		

C 层次学生在组长的带领下做好后勤工作。

B 层次学生能积极参与组队，并进行前期的训练。

A 层次学生能作为组长带领小组成员开展活动。

3. 全班讨论分析，学生自主设计重新打造"传统徽墨"的计划方案。

4. 学生小组合作完成"非遗重生计划书"。

三、通过观察，大胆想象：墨在水面的美丽图案

1. 阅读"慧眼识墨：不只是黑"。

师：在生活中，普通人对墨的印象就是黑。其实，在中国水墨画中，单一的墨就有五色之分——干、湿、浓、淡、焦。再加上纸的白，这六色可使画面产生色彩的变化，完美地表现事物本身。

2. 教师把沾有墨汁的吸管点在水面上，请学生观察会发生什么有趣的事情。

3. 请学生自主尝试。

4. 激发学生思维的灵活性，并获得对美的感受。

师：你觉得现在水盆里的墨像什么？

5. 教师引导学生从《泼墨仙人图》中发现墨的"干、湿、浓、淡、焦"。

四、了解泼墨画的制作方法，并制作泼墨画

1. 师：老师想到了一个能把这美丽的图案留下来的好办法，那就是把它印在宣纸上。

2. 教师介绍泼墨画的制作方法并示范：泼墨是用笔蘸墨汁大片地洒在纸上或绢上，随其形状进行绘画的一种技法。其实不用毛笔，一根吸管，一瓶墨汁，再加上你的奇思妙想，你也能做出有创意的泼墨画。来试试吧！小画家。

3. 学生尝试制作：

准备：一张纸，一根吸管，一瓶墨汁和其他液体颜料。

玩法：把颜料滴或泼在画纸上，用嘴或吸管吹动颜料，让它流动起来，变化出造型奇特的画面。

4. 教师随机指导，及时给予学生引导和帮助。

五、作品展示、交流

1. 将作品放在展板上，供同学欣赏。

2. 引导学生交流成功的经验，互相学习。

主题二　被皇位耽搁的艺术家——宋徽宗

教学目标	初步了解宋徽宗在书画艺术上的造诣。 初步了解画中诗这种新颖的艺术表达方式。 通过宋徽宗的故事感知他透彻、精细的观察力和对书画的热爱。 通过"他的朋友圈"了解另一位书画大家赵令穰。 通过实践"画学考试"，培养善于发现、善于思索的精神，激发热爱中华传统文化的情感。
教学重点	了解宋徽宗的书画造诣,欣赏书画作品,并自主完成"画学考试",进而培养善于发现、善于思索的精神,激发热爱中华传统文化的情感。
教学方法	创设情境法。 体验法。 小组合作探究法。
教学准备	电子教材、PPT、课前收集的资料。
教学用时	1 课时。

第 3 课　被皇位耽搁的艺术家——宋徽宗

一、激趣导入

1. 滚动播放宋徽宗的书画作品。

2. 师生对话:

师: 欣赏了这些书画作品, 你们有什么想说的吗?

生: 我觉得这些画中的形象惟妙惟肖。

生: 我觉得这些书法作品的字体纤细有力。

师: 你们真是火眼金睛, 不仅观察入微, 还有较高的品鉴能力, 为你们点赞。大家知道这些优秀的书画作品出自哪位名家之手吗? 他的身份有点特别, 他是一位皇帝, 但他酷爱书画, 因此也是一位非常有名的书画家，他就是——宋徽宗，赵佶。

（板书：宋徽宗）

二、了解宋徽宗

1. 学生自主阅读宋徽宗的人物名片。

赵佶（1082—1135 年），号宣和主人，宋朝第八位皇帝，书画家。

赵佶在位期间，北宋的政治形势一落千丈。从宣和元年（1119 年）开始，农民起义风起云涌，北宋王朝危机四伏。

但作为艺术家，他的造诣非常高，是古代少有的颇有成就的艺术型皇帝。他自创一种书法字体，后人称之为"瘦金体"；他热爱画花鸟画，自成"院体"。

2. 探究宋徽宗作为皇帝和书画家的成就。

师：既是皇帝又是书画家，做皇帝是正职，书画创作是副业，但通过上面这段介绍，你们觉得宋徽宗在皇帝和书画家身份上，表现如何？

预设 B、C 层次学生：他的书画技艺很高超，还自创了"瘦金体"这种书法字体，非常了不起。

预设 A 层次学生：他不是一位称职的皇帝，但绝对是一个出色的书画家。能够使整个当朝的绘画艺术有了空前的发展，说明他的影响力很大，造诣也很深。

师：同学们对宋徽宗的评价都很到位，作为一位拥有书画天赋的皇帝，特殊身份的背后有很多小故事，我们一起去看看。

三、阅读书家故事

1. 出示宋徽宗的作品《腊梅山禽图》。

师：同学们试着对比一下，这两幅图的区别。

学生观察后，小组交流讨论并汇报。

预设 B、C 层次学生：一幅图中有诗，一幅则没有，有诗的那幅图感觉画面更加饱满。

预设 A 层次学生：有诗的画，让人在欣赏完画面内容后，还会去读一读诗，从诗中我们更能了解作者所要传达的意境。

师：你的点评真是字字珠玑。这样画中含诗的作品就称为"画中诗（题画诗）"，这也是宋徽宗的创新之举。请同学们自主阅读关于"画中诗"的介绍。并找一找，宋徽宗在这种画作的诞生中有什么贡献。

教师总结：诗、书、画、印四种原本互相独立的艺术形式糅为一体，就是出自宋徽宗的创意，"画中诗"成为闻名世界的中国文人艺术的经典符号。

2. 感受画中诗的魅力。

师：同学们见过类似的作品吗？

学生联系所学，可能说出《惠崇春江晚景》等作品。

教师补充出示其他"画中诗"的作品，供学生欣赏。

3. 了解宋徽宗的绘画人才选拔方式及要求。

师：宋徽宗自己就是一位技艺高超的绘画天才，拥有皇帝这一特殊身份的他，在选拔绘画人才方面也别具一格。请同学们继续读一读书家故事中的第二则，看看有什么新发现。

（1）学生自主阅读书家故事第二则"皇帝亲授的艺术课"。

（2）指名交流。

预设 B、C 层次学生：我觉得宋徽宗自创的考试方式很特别，这样对真正优秀的绘画人才来说是很好的考验。

预设 A 层次学生：宋徽宗对绘画能手选拔要求极高，亲自出题并审阅，还有自己的一套培养体系，说明他对书画有极致的热爱。

（3）出示作品《深山藏古寺》。

师：对于宋徽宗而言，绘画人才不仅要有高超的绘画技巧，更要注重创意的表达。他所出的这道题目着实难倒了不少绘画能手，但他青睐的却是一幅"只画青山不画寺"的作品，由此可见，宋徽宗在书画上的理解与要求非同一般。

4.感受宋徽宗的人物形象。

（1）学生自主阅读"上课小插曲：孔雀升墩"。

（2）小组交流感受。

（3）教师总结：这件趣事不仅说明宋徽宗对艺术写实的要求之高，同时也反映出宋徽宗观察细腻入微，能洞察到平常人看不到的地方。

四、进入鉴宝环节

1. 师：上课伊始我们所欣赏的宋徽宗的书画作品仅是囫囵吞枣，在了解了他本人的一些事迹后，我们戴上"有色"眼镜去品鉴他的作品，会不会有不一样的感受呢？

出示《竹禽图》，放大对比。

学生自主观察并交流。

预设 B 层次学生：我发现宋徽宗笔下的小鸟惟妙惟肖，好像真的一样，十分逼真。

预设 A 层次学生：我觉得小鸟的眼睛好像会说话，十分灵动，富有生趣，生命力跃然纸上。

2. 教师借助文本总结：是啊，为了能画出小鸟眼睛的闪烁灵动，他常常用生漆点睛，这样画出的小鸟眼睛就像一粒小豆子隐约浮在纸上。这样的功底，这样的画法，得益于宋徽宗细致入微的观察及精微细腻的画工。

3. 了解"瘦金体"。

师：如果你以为宋徽宗过人的技艺仅限于此，那就太小看他了。书画本是一家，有着高超绘画技艺的他，在书法方面也胜人一筹。

（1）出示宋徽宗书法作品。

（2）学生品鉴。

预设 A 层次学生（先请有书法基础的学生回答）：我觉得宋徽宗的字体纤细有力，整体较瘦，难怪后世称之为"瘦金体"。

（3）对比其他字体，如楷书、草书、隶书等，加深感受。

五、了解宋徽宗的朋友圈

1. 师：志趣相投之人能走得更近，宋徽宗也不例外，他在成为皇帝前，就有一位同样爱好书画的挚友——赵令穰。

2. 学生自主阅读关于赵令穰的介绍，欣赏其作品。

3. 补充欣赏赵令穰的其他作品。

六、文房雅玩的实践

1. 学生构思绘画"踏花归去马蹄香"，如何表现"花香"？

点拨交流：

花香靠嗅觉感受，而嗅觉如何在画面上呈现呢？沁人心脾的茶香，可用一杯冒着热气的茶水表示，那花香能不能用翻飞的蝴蝶来表现？

2. 学生自主尝试创作。

3. 交流展示及点评。

4. 评选"宋徽宗得意门生榜"。

七、总结

作为一位并不太称职的皇帝，宋徽宗的政绩不如其他皇帝那么赫赫有名，但作为一名杰出的书画家，他对中国传统文化的贡献却是不容小觑的。他开创了"画中诗"的先河，更创造了潇洒的"瘦金体"，为中国古代书画历史添上了浓墨重彩的一笔。回望过去，多少伟大的艺术家的诞生，并非机缘巧合，他们的成就源于他们对艺术的热爱与执着。希望借由今天的学习，同学们能感受到中华传统文化的魅力。

主题三 "书圣" 王羲之

教学目标	初步了解王羲之在书法上的成就。 初步了解王羲之的作品《兰亭集序》《快雪时晴帖》。 通过王羲之的故事感受他高超的书法技艺、刻苦的精神和对书法的热爱。 通过"他的朋友圈"了解王羲之的启蒙老师——卫夫人。 在"脑洞时刻"对比三位书法家的作品并开展作品推荐，培养学生善于观察、善于发现的能力，激发学生热爱中华传统文化的情感。
教学重点	学习王羲之的作品，通过王羲之的故事感受他高超的书法技艺、刻苦的精神和对书法的热爱。尝试评价欣赏三位书法家的作品，学会观察与欣赏，激发学生热爱中华传统文化的情感。
教学方法	创设情境法。 体验法。 小组合作探究法。
教学准备	电子教材、PPT、课前收集资料。
教学用时	1 课时。

第 4 课 "书圣" 王羲之

一、激趣导入

1. 出示不同字体的书法作品。

2. 师生交流。

师：这些书法作品中，同学们有了解的吗？学过书法的同学是否觉得这些作品似曾相识？

生：我知道，这些书法字体有草书，有楷书，有行书。

生：我觉得这些书法作品写得苍劲有力。

师：这些作品虽然字体不同，但都出自一位著名书法家之手。你们猜猜他是谁，没错，他就是大名鼎鼎的书法家王羲之。

（板书：王羲之）

二、了解王羲之

1. 学生自主阅读人物名片。

王羲之，字逸少，东晋时期书法家，有"书圣"之称。他出身于名门望族、书法世家，他的父亲、叔父、堂伯父、堂兄弟等都是当时的书法名家。

王羲之在学习前人书法的基础上，创造了不同于汉魏的草书、楷书、行书，完成了一次又一次伟大的书法革新，对后世书法产生了无可替代的影响。

其代表作《兰亭集序》，被誉为"天下第一行书"。在书法史上，他与其儿子王献之被誉称为"二王"。

2. 课件出示王羲之的草书、楷书、行书作品，欣赏对比三者的不同。

师：这三种不同字体的书法作品均出自王羲之一人之手，由此可见，王羲之在书法上的造诣十分高深。能引领一个时代的书法潮流，并影响深远，这绝非普通人能做到的。

三、阅读书家故事

1. 学生自主阅读"羲之爱鹅"的故事，谈感受。

预设 B、C 层次学生：王羲之爱养鹅和别人不一样，他从鹅的体态、行走、游泳等姿势中，体会出书法运笔的奥妙，领悟到书法执笔的原理。很不同寻常。

预设 A 层次学生：王羲之爱鹅，从鹅的体态、步态中得到启发，和书法联系在一起，说明他热爱书法的程度到一定境界了。

2. 自主阅读"入木三分"。

师：同学们一定听过"入木三分"这个词语，你们知道它的意思吗？原来这个词语和王羲之有关，快去看看究竟是怎么回事吧。

师：引得木工连连惊叹："竟入木三分！"足见王羲之笔力非常雄厚，已经到了炉火纯青的地步。后来"入木三分"就用来形容人们写文章或者是说话的内容非常深刻。

3. 出示其他与王羲之有关的成语，补充阅读。

如：崇山峻岭、矫若惊龙、意在笔先、游目骋怀……

四、进入鉴宝环节

1. 出示《兰亭集序》并介绍。

整篇序文行云流水，潇洒飘逸，每个字都各具神态，相同的字写法又有非常多的变化，趣味盎然。

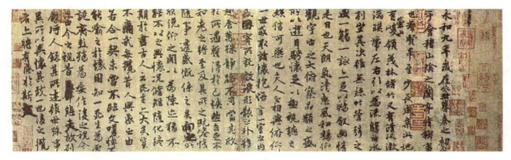

师：这幅字还得从一次春游经历说起……

2. 学生自主阅读鉴宝时刻中的故事，谈感受。

预设 B、C 层次学生：连唐太宗都找人来临摹，说明这幅书法作品十分出众。

预设 A 层次学生：在与友人们惬意的春游中一气呵成写下了《兰亭集序》，说明王羲之本身就是一个非常有才华的人。

师：王羲之的作品受到唐太宗的推崇，可见其书法艺术水平之高，后来还有另一幅作品也有相同的经历。

3. 介绍《快雪时晴帖》。

《快雪时晴帖》被认为是代表了中国古代最高书法艺术成就的作品之一。1677 年，该作品流入清宫内府，得到了乾隆皇帝的无上的宠爱。五十多年间，乾隆临仿此帖不下一百次。

写信人王羲之并没有投入与乾隆皇帝一样的隆重态度来写这封信，他只是因为天气变化——快雪时晴（刚下了一场雪，现在又转晴了），想给自己的朋友——山阴张侯，写一封简短的信。王羲之甚至连结尾都没有过多思索，直接老实地写"力不次"——没劲儿了，所以就这样。短短 28 个字，向朋友传递着一些微妙的心情——快雪时晴，真好，但愿你也好。

师：看似简短的 28 个字，却饱含着王羲之无限的才情和对友人的关心。他行云流水般的书写，让这幅作品大放异彩，难怪连乾隆皇帝都偏爱有加。

五、了解王羲之的朋友圈

1. 师：王羲之在书法上能有这样的造诣，除了他自身的天赋与努力外，也需要老师的启蒙和引导。王羲之在书法上的启蒙老师是谁呢？作为大书法家的启蒙老师，肯定也是精通书法的。她若知道自己的学生在书法上能有如此之高的造诣，一定会感到非常欣慰。

2. 介绍卫夫人并出示其作品，学生观察、评价。

预设 A 层次学生：她的字柔中带刚，很有特色。她不愧为东晋著名的女书法家。

3. 卫夫人教王羲之书法的"特别"之法是什么?

师:她会把一个字拆开,教学生去想象每个笔画的形象。

4. 出示一个字,让学生尝试用相同的方法品析字形。

5. 了解唐太宗对王羲之及其作品的偏好。

师:唐太宗为了得到《兰亭集序》,想尽各种办法。据说,他最后让监察御史萧翼骗得辩才的信任,取走《兰亭集序》。这就是著名的"萧翼赚兰亭"的故事。

6. 出示临摹版《兰亭集序》,对比。

六、脑洞时刻

1. 创设情境,明确任务。

师:三位书法家争相想获得王羲之赏识,如果让你推荐,你会推荐谁的作品呢?

2. 小组讨论,交流点评。

预设 B 层次学生:我想推荐颜真卿的作品,因为别具一格,个人特色非常鲜明,我们小组觉得他和王羲之一样很有个性,王羲之会更喜欢他。

预设 A 层次学生:我想推荐虞世南的作品,他的作品有一种华美飘逸之感,行云流水间又不失朴素,我们觉得王羲之会更偏爱他的作品。

3. 学生自主完成小组推荐意见并完善推荐理由。

4. 课外补充收集更多关于王羲之"粉丝"的资料。

七、总结

这就是书法大家王羲之,被誉为"书圣"的王羲之,他的作品为后人所膜拜。然而,一位伟大的书法家的诞生,绝非朝夕之间。通过今天的学习,我们不仅了解了很多与王羲之有关的趣事,更为他在书法上的高深造诣所折服，"梅花香自苦寒来"，无论学习或是做事，都需要有惊人的毅力，都需要付出艰辛的努力。在欣赏完王羲之的作品后，愿更多的同学能加入学习中华书法的行列，以修身养性。

主题四　青出于蓝的王献之

教学目标	初步了解王献之在书法上的成就。 初步了解王献之的作品《洛神赋》。 通过王献之的故事感受他的书法天赋及刻苦的精神。 通过"他的朋友圈"感受王徽之和王献之的兄弟情深。 通过实践"文房雅玩"，收集、整理相关资料，激发学生热爱中华传统文化的情感。
教学重点	学习王献之的作品，通过王献之的故事感受他的书法天赋、刻苦的精神，激发学生对中华传统文化的兴趣。
教学方法	创设情境法。 资料整理法。 小组合作探究法。
教学准备	电子教材、PPT、课前收集资料。
教学用时	1 课时。

第 5 课　青出于蓝的王献之

一、激趣导入

1. 出示王羲之和王献之的画像。

2. 师：左边为我们上节课认识的"书圣"王羲之，而右边这位就是与他合称"二王"的王献之，是王羲之的儿子。今天我们就要走近王献之的故事，看看儿子与父亲有何不同，又有哪些相同点。

3. 板书：王献之。

二、了解王献之

学生自主阅读人物名片。

王献之（344—386年），字子敬，小名官奴。"书圣"王羲之第七个儿子，东晋著名书法家、诗人、画家。

王献之自幼随父王羲之练习书法，以行书及草书闻名，在楷书和隶书上亦有深厚功底。在书法史上，他与其父并称"二王"，并有"小圣"之称。

三、阅读书家故事

师：关于王献之的故事，还真有不少可说的呢。在他成为大书法家前，他的经历和很多人一样，曾经自满，年少轻狂，但他历经岁月沉淀，静心习字，终获成就。

1.学生自主阅读"十八口大缸"的故事，谈感受。

预设B、C层次学生：王献之跟随父亲学写字，但畏难的情绪使他差一点就放弃了。

预设A层次学生：我觉得他的父亲王羲之很有智慧，不是直接教导王献之要坚持，而是采用非常巧妙的方法，让王献之从中悟出一定的道理，并坚持练习。

教师总结：这和我们早前读过的一些故事不谋而合。故事中的主人公在自以为取得了一些小成就后，就开始飘飘然，没有更进一步学习。还好，路遇"贵人"点拨，得以坚持，终成大器。原来王献之过去也有这样的经历。

2.学生自主阅读"真名士，自风流"。

师：王献之外甥的字可以与他媲美，甚至以假乱真。发生在王献之与外甥羊欣之间的趣事，也印证了书法名士的心胸的确比普通人开阔些。

3.补充其他与王献之有关的故事进行阅读。

四、进入鉴宝环节

1. 出示《洛神赋》并介绍。

师：有没有同学看过这幅作品？有谁知道其内容吗？

《洛神赋》为三国时期曹魏文学家曹植所作。曹植多方着墨，描绘洛神之美，生动传神。王献之的《洛神赋》是小楷书法的经典之作，可谓字字精妙，给人一种身材修长曼妙、明眸善睐的豆蔻少女的感觉。后人学习小楷，大多以此贴作临摹范本。

2. 学生自主阅读王献之写给朋友的一封短信——《鸭头丸帖》，并点评。

师：王献之擅长楷书、行书、草书、隶书等多种书体，其中要属草书最有魅力了。这就不得不提到《鸭头丸帖》。这是王献之写给朋友的一封短信。大家觉得如何?

预设 A 层次学生:看起来很飘逸,有点看不懂他写了些什么。字很少,但是整体看起来很舒服,不突兀。

教师总结:此帖写在巴掌大小的绢上,十分简短。虽然只有寥寥两行字,但用笔、结字及整体章法均有新意,风格雄秀、放逸。

3. 了解"一笔书"。

王献之的一笔书指的是他的草书连绵的体势,不是说通篇一笔写完,而是笔断意不断,甚至在换行的时候都不间断,一气呵成。

4. 出示与"一笔书"相关的作品进行赏析。

五、了解王献之的朋友圈

1. 师:王羲之子嗣众多,其中,王徽之与王献之的感情最深。

2. 介绍王徽之。

3. 学生自主阅读"与献之兄弟情深:王徽之"。

4. 预设 A 层次学生:他们感情深厚,是兄弟,也是知音。这让我想起了《伯牙绝弦》,锺子期死后,俞伯牙因为失去了知音,觉得没有人能够懂他的琴意,乃破琴绝铉,再也不弹琴了。王徽之和王献之的关系,就有点这样的味道。

六、文房雅玩的实践

1. 创设情境，明确任务。

在乾隆皇帝收藏的所有历代书法作品中，有三件是他喜欢得茶不思饭不想的宝贝，他把这三件宝贝放在了三希堂。（课件展示三希堂的照片）

2. 小组合作完成"宝物的前世今生"。

3. 全班交流，出示相关图片鉴赏。

七、总结

继承了王羲之衣钵的王献之，比起其父，有过之而无不及，真是青出于蓝而胜于蓝。

主题五　石鼓上的史诗

教学目标	初步了解大篆的定义。 了解关于石鼓文的故事及石鼓的重要价值。 通过拓展阅读，了解石鼓文保存的不易。 通过收集资料，了解文物打包的方法，对比文博专家的专业打包技术，感受文物保护的不易。
教学重点	学习石鼓文，理解石鼓的重要价值，学习文物打包的方法，感受文物保护的不易，学会珍惜文物。
教学方法	创设情境法。 收集资料法。 小组合作探究法。
教学准备	电子教材、PPT、课前收集资料。
教学用时	1 课时。

第 6 课　石鼓上的史诗

一、激趣导入

1. 了解汉字的演变过程。

板书：甲骨文→金文→篆书（分为大篆和小篆）→隶书→楷书。

师：从图画文字到象形字的符号化再到方块字，汉字的演变历史源远流长。汉子既是世界上最古老的文字之一，又是至今硕果仅存的一种方块表意文字。汉字从距今三千多年的甲骨文，发展到今天的现代文字，尽管在形体上、读音上或字义上发生了一些变化，但是在表意上并没有发生根本性变化。现代汉字和古代汉字一脉相承，现代汉字是在古代汉字的基础上逐渐演变、发展而来的。

2. 初步介绍篆书。

篆书，是大篆、小篆的统称。其代表作品有石鼓文和秦公簋铭文等。小篆也称"秦篆"，是秦国的通用文字，是对大篆的文字变革，其特点是形体匀逼齐整，字体较籀文容易书写。秦刻石如《泰山》《峄山》《琅琊台》等，相传为李斯所书，为小篆之代表作品。

二、文学故事

1. 学生自主阅读关于石鼓文的故事。

2. 师生交流读懂了哪些内容。

预设 B、C 层次学生：石鼓文的字迹很是飘逸，很有特点。

预设 A 层次学生：石鼓文在我国的汉字发展史上有着举足轻重的作用。作为中国现存最早、文字最多的石刻文字，它填补了金文向小篆过渡的空白，是秦统一六国前大篆书法的经典之作。

师：是啊，难怪这些石鼓引得文人墨客争相进行临摹并制作拓本。

3. 出示几位书法家的临摹作品。

4. 了解拓本。

把湿的纸覆盖在碑刻、青铜器等器物的文字和花纹上，经过拍打，使湿的纸与器物紧密贴合，再用蘸了墨的扑子在上面轻轻敲打，在纸面上形成黑底白字的图像。在印刷术还没有发明的时代，拓本是除了抄写外，文字传播的主要方式。

5. 学生体验刮画。

将一张白纸覆盖在表面有凹凸的作品上，用铅笔涂写，最后文字呈现在纸上。这与拓本的原理相同。

三、进入鉴宝环节

1. 出示石鼓文作品。

2. 学生观察并进行点评。

预设 B 层次学生：石鼓文非常大气，字体很端正。

预设 A 层次学生：感觉在篆刻时十分用力，力透石壁的感觉。

师：石鼓文方正均匀，舒展大方，笔法圆润，笔意凝重，给人一种优雅端庄、自然古朴的感觉，被历代书家视为练习篆书的重要范本，故有"书家第一法则"之称誉。

3. 补充其他石鼓文进行赏析。

四、延伸阅读

1. 学生自主阅读"石鼓文颠沛流离的命运"。

2. 小组交流石鼓所经受的坎坷命运。

（1）石鼓保存不当，遭受侵蚀。

（2）石鼓被不知情者挪为他用。

（3）石鼓遭受人为破坏。

（4）石鼓搬运不便，被弄得支离破碎，无法完整保存。

（5）石鼓上的文字模糊。

3. 启发学生的文物保护意识。

师：古代流传下来的东西很有研究价值，是我们回望中华文明的重要线索和依据。但是因为时间的流逝，文物遭受不同程度破坏或侵蚀，要恢复原貌难度较大，所以现在有许多人从事专业文物修复工作。这是一项非常精细的工作，不能有一点闪失。有谁了解关于文物保护的知识吗？

4. 阅读知识小链接，了解我国文物保存及管理的现状。

五、脑洞时刻

1. 联系生活实际，结合收集的资料，小组交流讨论如何"打包"石鼓。

2. 各组进行讨论，形成方案。每组 B、C 层次学生先发言，A 层次学生进行补充和总结，并由一位组员进行记录。

3. 全班交流讨论，形成最佳方案。

4. 观看视频，了解文博专家如何打包文物，对比并修改小组方案。

六、文房雅玩

1. 出示石鼓文，引导学生观察，并猜猜圆圈中的两个石鼓文是什么字。（答案：①渔，②鱼）

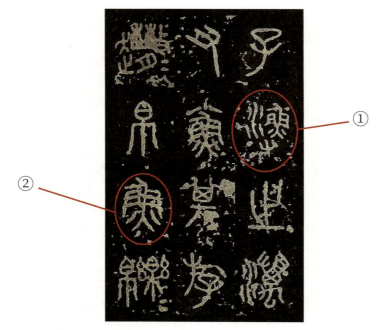

2. 说出猜测的依据并全班进行讨论。

3. 了解石鼓文作品。

七、总结

在汉字发展史上，石鼓文有着举足轻重的地位。因保护不当而产生的石鼓破损、缺失，使得如今要识别石鼓上的文字，取得重大发现与突破困难重重。有兴趣的同学可以去探究篆体和石鼓文之间的关联，进一步发现它们的共通点。

主题六　颜色里的中国黄

教学目标	了解黄色所代表的含义及分类。 通过作品欣赏，了解黄色在书画作品中的运用。 通过图片赏析、对比和收集资料，了解黄色为何成为古代帝王的专用色。 通过实践体验，设计学校的琉璃瓦屋顶，培养学生的创造力和想象力。
教学重点	了解黄色在书画作品中的运用，明确黄色成为古代帝王的专用色的缘由，在设计学校琉璃瓦屋顶的过程中，提高创造力和想象力。
教学方法	创设情境法。 实践体验法。 小组合作探究法。
教学准备	电子教材、PPT、课前收集资料。
教学用时	2 课时。

第 7 课　颜色里的中国黄（上）

一、谈话导入

1. 出示不停变幻的黄色，引导学生观察。

2. 师：刚才你们看到了什么？有什么不一样吗？

3. 预设学生的回答：虽然都是黄色，但视觉效果不太一样，有深有浅。

4. 师：你真是观察入微。看久了黄色，你会产生什么联想呢？

5. 预设学生联想到枇杷、太阳、大地、黄色瓜瓤的西瓜、黄蝶……

二、认识黄色

1. 介绍黄色。

黄色是一种明亮的颜色，让人感到轻快、辉煌，充满希望。许多花卉、果实或种子都是黄色的。中国画中使用的黄色，主要来自矿物质，根据颜色深浅不同，又分为石黄、雄黄、雌黄、土黄等。

2. 出示不同的黄色及介绍其来源。

3. 认领自己最喜欢的一种黄色。

三、进入鉴宝环节

1. 出示绘画作品，了解不同的黄色在作品中的运用。

（1）《洛神赋图》：头顶有黄色的华盖，身后是飘扬的黄色大旗，他心中还存有一线希望，仍然在回头张望。黄色代表一种希望。

（2）《五牛图》：身躯高大的黄牛。黄色代表辛勤耕种与劳动。

（3）《枇杷山鸟图》：黄澄澄的枇杷果。黄色代表生机。

（4）《春华图册·萱草》：忘忧草。黄色代表快乐无忧。

2. 赏析其他补充作品中的黄色。

四、赏图猜想

1. 出示《张果老见明皇图》。

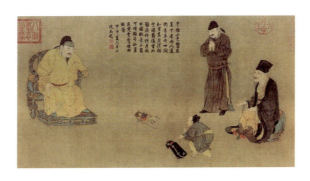

2. 了解古代帝王为何偏好黄色。

古人崇尚黄色，黄色常常被看作君权的象征。这起源于古代汉族农业文明的"敬土"思想。按中国的阴阳学说，黄色在五行中为土，这种土是在宇宙中央的"中央土"，"土为尊"。此后这种思想与儒家大一统思想糅合在一起，认为以汉族为主体的统一王朝是一个处于"中央土"的帝国，有别于周边的"四夷"，"黄色"通过土与"正统""尊崇"联系起来，为君主的统治提供了"合理性"的论据。这样，黄色就象征着君权神授，神圣不可侵犯。周代以黄钺为天子权力象征，隋代以后皇帝要穿黄龙袍，黄色成为君主独占的颜色。

3. 结合苏轼秋游的故事，观察仇英的这幅《赤壁赋》。

预设 B 层次学生：初秋，画中黄色的笔墨似乎有些浓重，更像是深秋。

预设 A 层次学生：夕阳洒下的余晖，表现得不够明显。

五、总结

在不同的绘画作品中，作者不约而同地使用了黄色作为底色或部分色，取黄色传递特殊的含义，借黄色表达思想感情。看来明艳的黄色，的确意味深长，像语言一般，有着表情达意的作用。

第 8 课　颜色里的中国黄（下）

一、复习导入

在上节课的学习中，我们看到了不同的黄色，了解了黄色在绘画作品中代表的含义。今天，我们继续深入了解中国人最爱的黄色。

二、文房雅玩的实践

1. 了解绘本《洛神赋》。

2. 感知传统艺术的现代表达。

预设 B 层次学生：我觉得这样设计产品，能使更多人接受和喜爱。

预设 A 层次学生：这样的古今结合，不失时尚感，又能让我们对传统文化有更多的了解。

3. 发挥创意，在生活中尝试创作体验。

三、非遗新玩法

1. 赏析故宫屋顶。

这炫目的琉璃黄屋顶上，隐藏着中国古代建筑的伟大发明——琉璃瓦。不同规格的琉璃瓦，彼此咬合，层层叠叠，一直延伸到屋檐末端的瓦当。连接形成密不透风的大伞，为宫殿遮风挡雨。

2. 了解古代屋顶构造。

3. 完成设计任务：

（1）出示设计任务：大同小学的校园屋顶准备进行改造——换成琉璃瓦屋顶。请你将学校元素融入瓦当的纹饰设计之中，设计出"最大同"的校园屋顶。

（2）小组分工讨论、制作设计图。

（3）全班交流、评议，推选出"最佳屋顶"。

师：通过奇思妙想，同学们在设计中融入了多种元素，设计出了"最大同"的校园屋顶。大家的设计图中透露出对校园的喜爱和赞美。

四、总结

通过学习，我们不仅了解了中国黄，更试着从专业角度对比画家笔下的作品，提升了自己的审美能力，陶冶了自己的艺术情操。这就是中国传统文化的魅力，让每一位接触过它、了解过它的人对其爱不释手，欲罢不能。希望同学们能够利用学习之余，去研究自己感兴趣的中国传统文化，做中国传统文化最美传承人。

五年级《匠心手艺》课程设计

这是一个工艺馆，这是一个游艺堂。

巧夺天工的技艺，惊艳时光、匠心永存；

有趣"烧脑"的游艺，让人感叹：古人真会玩！

你听，

《厦门亲像一首歌》的旋律还在耳畔回响，

闽南方言说唱艺术——答嘴鼓，

即将带我们领略另一番滋味。

你看，

"忙趁东风放纸鸢"的诗句中，

古代孩童寄托梦想的风筝正飞向高远的蓝天。

中国传统游戏七巧板和灯谜，

又有着怎样历久弥新的奥秘呢？

让我们一起寻找传统技艺匠人，

玩味民间游艺，

寻找差点遗失的童趣。

第 1 课　车鼓弄（上）

非遗名片

车鼓弄又称弄车鼓、车鼓阵，是福建闽南地区特别是厦门同安区一种具有浓厚地方色彩的传统民俗娱乐形式。车鼓弄中的"车"是翻转，"弄"是舞弄的意思，它是一种说唱、表演合一的传统歌舞艺术，动作朴实简单，易学易演，风格诙谐幽默，受到了广大人民的喜爱。2007 年被列入福建省第二批省级非物质文化遗产名录。

阅古识今

车鼓弄的由来

有着诙谐逗趣的表演形式的车鼓弄自唐宋时期流传至今，与有着"音乐活化石"之称的南音一样，有 1000 多年悠久的历史。车鼓弄是同安本地的产物，自古同安就流传"文看车鼓弄，武看套宋江"的谚语。关于车鼓弄的来历，闽南地区流传着"磨豆腐夫妻逗唱""武装劫救""丰收庆贺"等几种戏目。在同安，流传较广的是"磨豆腐夫妻逗唱"戏目。

相传在明代，同安有一对开豆腐店的夫妻，夜里磨豆腐时编歌唱逗，受到邻里欢迎。老夫妇继而用装豆子的斗篮代替石磨，戏弄玩乐，遂在民间流传开来。明末清初，车鼓弄传到台湾地区，成了海峡两岸人民喜爱的民俗娱乐项目。

表演特点

车鼓弄表演时，男女二人扮作男丑与彩旦，扛着竹篮搭扣的鼓轿，踏着四方交叉步，进三步退三步，一唱一答，妙语如珠。表演内容多为孝道劝善、情人相思等。实际上，车鼓弄是闽南早期滑稽小戏——"弄戏"中的一种。演员在简单的场地上采用滑稽的动作和诙谐的对答的方式进行表演。在闽南地区，车鼓弄通常在庙会祭祀时表演，有时表演者也被邀请到婚庆人家演出。近几年来，经过整理改编的车鼓弄，也出现在广场民俗活动、文艺踩街、大型晚会上，对保持传统民间表演艺术的多样化，丰富群众文化生活起到积极的作用。

匠人匠心

身边的车鼓弄省级传承人

林锦延和林明卿是厦门市同安车鼓弄的代表性传承人，一位是车鼓公，另一位是车鼓婆。

1979年，喜爱戏曲的他们被选入同安区潘涂戏团学习歌仔戏，后来又成为当时潘涂社区仅有的两位车鼓弄传承人。两个人刚开始只是工作上的搭档，一来二去，弄假成真，假夫妻演成了真夫妻。

车鼓弄成就了林锦延和林明卿，他们也在努力回馈。随着政府对车鼓弄的重视，夫妻两人也尽自己的努力，一有空，就组织潘涂社区的车鼓弄表演队排练，义务传承车鼓弄。一直以来，潘涂车鼓弄保持着自己的特色。除了主角车鼓公车鼓婆和旁边伴舞的车鼓孙，潘涂的车鼓弄多了一位车鼓嫲，而且手中的拐杖两头分别绑着两样东西：白菜和火烘（暖手炉）。一棵白菜代表着过年过节有好料吃，暖手炉象征着日子红红火火。

2006年，车鼓弄入选厦门市非物质文化遗产名录，之后又入选省级非物质文化遗产名录。有了"非遗"的认可，社会对车鼓弄的关注也提高了，林锦延和林明卿对传承更有信心了。现在他们除了在潘涂，也到其他社区传承车鼓弄。当地的小学想出资聘请他们过去传承车鼓弄，但夫妻俩说："我们不会要工资的，因为我们有传承的义务。我们两个是传承人，在村里传承是免费的，到学校教小孩子更不需要谈工资了。"

现在，车鼓弄成了各种文化演出的重头戏，车鼓弄的表演者也经常活跃在各个舞台上。对于车鼓弄这项非物质文化遗产，不只是要记录和留下这些舞步和唱词，更需要培养年轻的传承人，留住祖先留下来的这项宝贵文化遗产。

第2课　车鼓弄（下）

玩转车鼓弄

探访车鼓弄雕塑

在鼓浪屿环岛路和中山路步行街等地方，你都能寻找到特色雕塑车鼓弄的身影，其人物神态、动作架势以及主题渲染，都反映了一段历史、一份情结。快和爸爸妈妈一起去探访这些富有闽南特色的车鼓弄雕塑，当个小导游，向爸爸妈妈介绍一下被称为厦门同安民间民俗文艺最纯粹的"土特产"——车鼓弄。

车鼓弄打卡区

车鼓弄雕塑地点	中山路车鼓弄雕塑（　　　） 鼓浪屿环岛路车鼓弄雕塑（　　　）
我的介绍词	

逛逛庙会

在过去，每一个古村落里都有大大小小的庙，不同的庙里供奉着不同的神灵。所谓村落庙会，就是由一个或几个村庄轮流主办，民众自发、自愿、自主举办的民俗活动。

庙会形成的条件是集市，其次是祭拜仪式。庙会举行时，农工商皆定期赴会，参加贸易，同时亦举行相关的文艺演出，如舞蹈、戏曲、花会等。车鼓弄，就是闽南地区庙会经常举行的文艺表演之一。

新闻中的庙会

厦门同安梵天寺每年都举办庙会，这已经成为厦门过年的一大特色了。请看近三年新闻报道的标题：

时间	新闻报道标题
2017年春节	《同安区数万民众赶庙会　梵天寺迎来文明进香香客》
2018年春节	《震撼！一年一度梵天寺庙会盛况，数万人齐聚，火热热，闹腾腾！》
2019年春节	《人山人海！一年一度同安梵天禅寺庙会日，热闹非凡》

我的发现

请分析这三则新闻报道的标题，说说你有什么发现？

请阅读其中一篇报道内容：

同安区数万民众赶庙会　梵天寺迎来文明进香香客

农历正月二十，同安区千年古刹——梵天寺，迎来了一年一度的传统民俗庙会，吸引了数万民众前往朝拜。

上午10点，梵天寺已经聚集了不少民众，寺院内人头攒动、香火鼎盛。庙会上，欢乐腰鼓渲染着欢快的氛围，民乐合奏《红太阳颂》，动人的旋律在广场上飞扬，舞蹈《三角梅》美轮美奂……还有民间艺术团体登场，为游客送上一个个独具闽南特色的民俗节目，精彩的演出吸引许多游客停下脚步，拿出手机拍照留念。

据了解，除了举行各种闽南特色的民俗节目，梵天寺还现场举办义卖活动，不少赶庙会的游客纷纷献出爱心，寺里还为赶庙会的游客提供了免费的斋饭。

梵天寺主持仁慈法师告诉记者，梵天寺庙会源远流长，至今已有一百余年的历史，而每年的庙会，是同安区规模最大、影响最广的庙会。为了维护寺庙环境，保障游客安全，寺院倡导香客文明烧香，垃圾不落地。

记者在现场看到，在寺庙显眼的地方，都贴有文明烧香的标语，在寺庙门口还有志愿者提醒香客文明烧香，每人限带三支香进殿。

值得一提的是，为了做好庙会期间的防火、安保等工作，早在庙会开始之前，区委区政府和区民宗局等相关部门就提前做好工作预案，在今天的庙会现场，公安、消防等相关部门也增派人手，维持现场秩序。

我的思考

讨论：从这篇新闻报道中，你能够了解到庙会的哪些传统活动？同时，为了适应新时代人们的需求，庙会中又有哪些新变化？

庙会传统活动	庙会新变化
_____	_____
_____	_____
_____	_____

第 3 课　蹴鞠（上）

游艺小学堂

"蹴鞠"（cù jū）这个词，不了解的人甚至连读音都要揣摩几分，然而现今太多文化都与它有着许多的渊源，正是有了蹴鞠，后人创造出弹棋、足球、踢毽子等这些丰富多彩的运动。蹴鞠又叫作"蹋鞠""蹴球""筑球""蹴圆"等。"蹴"是用脚踢的意思，"鞠"是用不同材料制成的球，蹴鞠玩起来就类似踢球。

早在战国时期，民间就开始流行蹴鞠游戏了。而从汉代开始，蹴鞠成了兵家练兵之法。蹴鞠除了象征"兵势"、训练武士的作用，还丰富了士兵们的生活，使战士保持良好的体力和士气。

蹴鞠所用的"鞠"，可以追溯到石球。石球最早是狩猎工具，原始社会后期出现了用脚踢的石球及镂空的陶球。到了汉代，"鞠"则用厚实的毛发制成，里面塞满毛发等物体，外面用皮革包起，是一种实心球。到了唐代，蹴鞠比赛的方式逐渐由低球门改为高球门，对球员来说难度加大了很多，所以球也由实心球变成了空心球，接近于现在的足球，这种球外面是用八块方形皮革缝制成圆形的皮壳，再在皮壳中装入动物的膀胱作支撑，然后往里面充气，撑成一个圆球，这样做成的球，不但结实轻巧，而且富有弹性，可以有多种玩法。到了宋代，人们对制球的方法又做了改进，"鞠"需要用十二块上等的好皮革做原料，精心地裁剪缝制。当时对球的重量也做了规定，要"正重十二两"（也有十四两之说），相当于现在的七两半，与现在比赛使用的足球重量相近。

要聚众踢球自然少不了场地。汉代，蹴鞠运动达到了历史上的第一个高峰。当时在皇宫及长安城内，还设有专门的"鞠城"，相当于现在的足球场。到了唐代，蹴鞠场两边各设置一个球门。球门是在地上竖起两根几丈高的竹竿，竹竿顶部结网，形成门的样子，与现在的相似。

蹴鞠在历史的长河中不断演变，而后成为一类休闲娱乐活动。宋代以后，由于宫廷取消了蹴鞠的表演，并下令禁止军人蹴鞠，渐渐地，民间以踢毽子取代蹴鞠。随着西方现代足球的传入，中国传统的蹴鞠逐渐被取代，然而它始终是中华民族的瑰宝，是一抹鲜亮的民族记忆。

游艺里的千滋百味

诗人，总是有着发现美的眼睛，能细心地捕捉到生活中的美好。王维有一首描写清明的诗《寒食城东即事》：

清溪一道穿桃李，演漾绿蒲涵白芷。
溪上人家凡几家，落花半落东流水。
蹴鞠屡过飞鸟上，秋千竞出垂杨里。
少年分日作遨游，不用清明兼上巳。

清明时节，长安城郊溪水岸边，桃李芬芳，杨柳依依，飞鸟倏尔远去，少女荡起的秋千划出美丽的弧线，青春的少男正潇洒地踢着蹴鞠，真是一幅曼妙愉悦的画面。

李白和杜甫也是蹴鞠运动的"粉丝"。无论是李白《古风五十九首》中的"斗鸡金官里，蹴鞠瑶台边"，还是杜甫《清明二首》诗中"十年蹴鞠将雏远，万里秋千习俗同"，都生动地描绘了蹴鞠的场面。

宋代的帝王将相也多是蹴鞠竞赛的爱好者，最甚者要数宋太祖了。现存的《宋太祖蹴鞠图》，描绘的就是宋太祖赵匡胤与他的弟弟赵光义、宰相赵普等六人用白打方式蹴鞠嬉戏的场景。《水浒传》里所描写的太尉高俅，也是凭一脚好球艺而发迹，说明了当时人们喜爱蹴鞠的程度。

除了文人墨客、帝王将相，生活在宫廷的女子闲暇时，也同样热衷于蹴鞠运动。毕竟秋千是一个人的享乐，蹴鞠则是众人一同的玩乐，会有更多的趣味。在皇家御花园里，繁花似锦，姹紫嫣红，妃嫔们穿上艳丽的球衣，在如茵的草地上嬉戏，美似一幅风景画。

　　春风微拂，娇花竞放，温润的草地上三五人结伴蹴鞠，不拘谨，不畏惧，激情奔跑，其乐融融。

第4课　蹴鞠（下）

好玩的 DIY 蹴鞠

观看有关蹴鞠制作过程的视频，来 DIY 一个有趣的蹴鞠吧！

DIY 蹴鞠设计表

所需材料	
制作方法	
DIY蹴鞠设计图	

蹴鞠 *VS* 足球

请收集现代足球的资料，比较分析蹴鞠和足球的共同点与不同点，然后说说你的发现。

现代足球与蹴鞠的区别	
共同点	不同点

穿越时空去踢球

大同小学即将展开一场穿越时空的足球赛，这场比赛的阵容空前强大，将由蹴鞠爱好者李白（唐代大诗人）带领一众蹴鞠爱好者，对阵现代大同小学足球小队，请依此情景写一篇奇幻小故事《穿越时空去踢球》，看谁想得奇妙。

带上你 DIY 的蹴鞠，学习蹴鞠的竞赛方法，让我们设计一场蹴鞠竞技赛，再现古老蹴鞠的魅力。开展一次蹴鞠大赛，穿越时空去踢球吧！

想象创作提纲

战队名称	
比赛时间、场地	
比赛项目、规则	
精彩赛点、镜头	
比赛结果	

第 5 课　拔河（上）

游艺小学堂

拔河的演变史

早在春秋战国时期，就有了拔河这项活动，不过那时不叫拔河，而称为"钩强"或"牵钩"，后来演变成为荆楚一带民间流行的"施钩之戏"。唐代以后才有现在所说的"拔河"。和荡秋千、放风筝、蹴鞠一样，拔河在春天最盛行。人们用麻线编成像辫子一样的长绳，往往要达数里之长，鼓声一响，双方发力。

隋代文学家杜公瞻认为最早的拔河是在水上进行。据他推测，水上拔河起源于春秋时代楚国水军与越军的战争。楚军用一种叫作"钩强"的兵器与越军进行水战，越船后退就钩住它，越船进攻就推开它。在没有战争的日子里，"施钩之戏"也经常被拿来训练军队。训练得久了，传播得远了，自然而然这"施钩之戏"便传到了民间，受到了百姓的欢迎和喜爱，所以就有了拔河这项游戏。

唐玄宗时期，拔河场面更是壮观。据说，唐玄宗为了向番邦证明唐朝国力强盛，不惜投入巨资，举办了一场声势浩大的拔河比赛，其参加人数之多，竞赛气氛之浓烈，都是后代望尘莫及的，观看拔河的无论是外国商旅还是士庶平民，无不感到震撼。

被"拔"走的非遗

文化是没有边界的。唐朝以后，拔河被传到了更多的国家。韩国、日本、缅甸、越南等国家结合本土特质，使拔河有了新的内容。谁也不曾想到，在中国有着 2000 多年历史的民俗拔河，在 2015 年竟被韩国、越南、柬埔寨、菲律宾四国联合申遗成功，并被正式列入联合国教科文组织人类非物质文化遗产名录，拔河成了韩国第 18 项人类非物质文化遗产。人们在惊讶这项仅在韩国本土流传了 450 多年的运动，使韩国从文化输入国华丽转变为文化代表国时，也许需要进行更多理性的思考，我们该如何更好地保护和传承中国古代的游艺。

游艺里的千滋百味

唐代封演撰写的《封氏闻见记》中，记载了当时极为滑稽的一场"拔河"趣事。

清明之日，唐中宗命几位有名的侍臣进行拔河游戏。当时，七位宰相和二位驸马为东朋队，三位宰相和五位将军组成西朋队。东朋队人数多，西朋队便上奏说如此比赛不公平，请皇帝更改，结果唐中宗不改，以致西朋队最终输了。这场比赛苦了韦巨源和唐休璟两位，彼时两位都已八十岁上下，年事如此之高，却随着大绳跌倒在地，长久都爬不起来，让唐中宗等人笑得欲罢不能。

此后，唐玄宗也多次驾临御楼组织拔河比赛，参加人员常常有一千人之多，呼喊声甚至震天动地。这种皇家的拔河似乎已经不是纯粹的体育运动，而更像一场宫廷的嬉戏。

那时的拔河道具与现在的略有不同，一根长绳是用麻线所绕成的绳索，绳的两端分别系出十多条小绳结，两队的人员则是握着小绳结来赛力气。总之，拔河比的还是力量。

在唐朝宰相张说的诗作《奉和圣制观拔河俗戏应制》中，将拔河情景描述得十分清晰。挽者们不惜力气，人人都为自己一方拔得上筹而努力。

今岁好施钩，横街敞御楼。长绳系日住，贯索挽河流。
斗力频催鼓，争都更上筹。春来百种戏，天意在宜秋。

第6课　拔河（下）

拔河有技巧

拔河是世界运动会的正式竞赛项目之一，并采用世界正式拔河比赛制度。国际拔河协会每半年举办由各国国家队参加的世界锦标赛，分为室内及室外举行。

拔河不能光靠劲大，实际上光是体重大和力量大的人未必能胜，拔河也需要技巧。我们一块来研究一下拔河的技巧吧！

技巧要点	技巧详解
1.姿势要正确	拔河时用力的是腿和腰，而不是手臂。所以，人的重心要尽量压低，身体尽量向后倾，与地面成45度角，重心落在支撑点的后面，臀部不能过分突出。
2.整体形成合力	充分发挥整体的力量。拔河要有指挥，大家要养成听指挥的习惯，在同一号令下一起使劲。
3.体重大的人站在后面	最后一个人可以选择体重比较重的人。他要蹲得比较低，重心低一点不容易被拉跑，还应提高警惕，观察前面的动态。
4.两侧运动员分配均匀	绳子两侧的运动员要分配均匀，否则会出现摆尾，即蛇形摆动。一旦出现这种情况，会使运动员站立不稳，同时合力减小，即绳上的拉力减小。
5.啦啦队的气势足	啦啦队的情绪口号会直接影响到队员的情绪和施力的整齐程度。
6.其他拔河技巧	

反套路拔河

拔河的技巧同学们都学会了吗？如果由你设计一场创意拔河比赛，你有哪些好主意？对于本次的创意拔河，我们可以大胆地提出一些有趣的规则，例如：拔河选手由对方选择、用报纸作为拔河材料等。我们也来开展一次快乐的创意拔河比赛吧！

有趣的拔河新规	
反套路拔河：拔河选手由对方选择。	微型拔河：用报纸作为拔河材料。

第 7 课　斗草（上）

游艺小学堂

古代的游艺竞技民俗中，有一类活动被称为"斗戏"，诸如让各种虫鸟禽兽搏斗，以供观众们欣赏。除了这些动物的斗戏，植物也可以一较高下，所以称之为"斗草"，也叫"斗百草"。斗鸡、斗蟋蟀、斗牛这样的"斗戏"还不能称奇，而谙熟斗草游戏的人，很可能会令人肃然起敬。

关于"斗草"一词，最早的记载要追溯到南朝梁宗懔的《荆楚岁时记》："五月五日，四民并踏百草，又有斗百草之戏。采艾以为人，悬门户上，以禳（ráng）毒气。"

这里的"五月五日"就是现今的端午节。端午节的习俗是以摒除恶毒邪气、驱赶瘟疫为主。人们要采集艾草编成人形，钉在门上，或制作"五色索"缠挂在孩子的脖子、手臂和脚腕上，斗草习俗也在这个过程中慢慢形成了。

武斗

斗草的纯真和闲致都在青青草色之中。游戏双方各持一根草，把草叶捋净，只剩下草茎，然后两人将草茎相勾相套成"十"字。喊开始以后，两人都往自己的方向使力，谁先把对方的草茎扯断，谁就获胜了。这看似极为简单的游戏，也能让小伙伴们玩上几个时辰，常常是没过多少光景，地上就都是残草败根了。这是最初的斗草，也被称为"武斗"。

文斗

所谓"文斗"，就是对花草名，女孩们采来百草，以对仗的形式互报草名，谁采的品种多，对仗的水平高，坚持到最后，谁便赢。因此玩这种游戏没点植物知识和文学修养是不行的。这种"斗草"的玩法，凭借的不是一股蛮劲，而是用更文雅的言语来"斗"。双方互相报出自己手中花草的名目，比较花草品种数量的多寡，用对对子的方式把花草名嵌入对子中。这种斗草被称为"文斗"，讲究文雅之气。

"百花争艳满庭芳，莺歌燕舞女儿乡。不喜饮酒猜拳乐，闲将斗草过时光。"无论是"武斗"还是"文斗"，端午斗草的习俗都是深入人心的。有孩童的质朴天真，有少女的春思曼妙，有男子的酒桌之谈，处处皆有欢声笑语。现今，斗草游戏渐渐不再被都市人提起，却并不影响它在历史长河中的清晰印迹。同学们，不妨与小伙伴们一同来斗草，或许会有意想不到的收获呢！

游艺里的千滋百味

孩子们是最喜欢斗草的。

清代宫廷画家金廷标曾画了一幅极为传神的《群婴斗草图》。

《群婴斗草图》　清　金廷标

画中青草繁茂，鲜花盛放，嫩柳随风飘荡，十个男童在湖石花丛间嬉戏玩闹，有的在地上拔草，有的在专注地提篮寻草，有三五人围在一处好似在议论着什么，近处有两童正在用劲斗草，还有一童正兴致勃勃地提着满满一围兜的草回来……全图把找草、拔草、运草、斗草的过程，都生动地表现了出来，孩童的欢乐真是无处不在！

红楼梦中斗草乐

曹雪芹或也曾目睹了斗草游戏，所以他把斗草之戏写进了《红楼梦》，第六十二回中写小螺和香菱、芳官、蕊官、藕官、豆官等人采了些花草来兜着，坐在花草堆中斗草：

这一个说："我有观音柳。"那一个说："我有罗汉松。"那一个又说："我有君子竹。"这一个又说："我有美人蕉。"这个又说："我有星星翠。"那个又说："我有月月红。"这个又说："我有《牡丹亭》上的牡丹花。"那个又说："我有《琵琶记》里的枇杷果。"豆官便说："我有姐妹花。"众人没了，香菱便说："我有夫妻蕙。"豆官道："从没听见有个夫妻蕙。"香菱道："一个剪儿一个花儿叫作兰，一个剪儿几个花儿叫作蕙，上下结花的为兄弟蕙，并头结花的为夫妻蕙。我这枝并头的，怎么不是夫妻蕙？"豆官没得说了，便起身笑道……

不用实花，韵味反倒是更加浓烈了。几个人围在花园中，寻来了各种见过的、没见过的花草，兜着、揣着，谈笑在满园花意之中。"观音柳""罗汉松""君子竹""美人蕉""星星翠""月月红"，还有《牡丹亭》里的"牡丹花"和《琵琶记》里的"枇杷果"，你一言我一语，从围兜里摘下的花草对到诗词歌赋，饶有雅致。如果要将难度再提高，则必然是要对出平仄，对出花草的颜色、门类等，而这种斗法也往往延伸至筵席之上，成为酒令中的雅令。

闲来斗百草，度日不成妆

斗草并非只较量谁的力气大，更讲究谁的花草种类多、品种新奇。这样一来，深闺少女与宫廷妇女也都喜欢斗草，兴致甚至超过了放风筝和荡秋千。唐代诗人崔颢有一首写少妇斗草的诗《王家少妇》："十五嫁王昌，盈盈入画堂。自矜年最少，复倚婿为郎。舞爱前溪绿，歌怜子夜长。闲来斗百草，度日不成妆。"刚嫁入王家的少妇，闲暇无奈，只能靠斗百草来打发时光，尽兴之余甚至忘记了梳妆打扮，可见斗草游戏多么吸引人。

第8课　斗草（下）

斗草之"武斗"

同学们，有哪些草适合作为斗草材料呢？找到它们并了解不同的玩法吧。

斗草材料名称	玩法
车前草	相互交叉成"十"字状并各自用劲拉扯，以不断者为胜

斗草之"文斗"

看了《红楼梦》中的斗草故事，你了解"对花草名"的玩法了吗？《镜花缘》第七十六回中也有关于斗草"文斗"的例子。如："风吹不响铃儿草，雨打无声鼓子花""当归一名'文无'，芍药一名'将离'"……诸如此类，文中所写斗草之法与《红楼梦》的颇为相似，只不过《红楼梦》中折花折草以实物对，《镜花缘》中仅对名称，文本后面还写到花草的应对，如长春对半夏、金盏草对玉簪花、观音柳对罗汉松，这种斗法才真正称得上文雅。请你也设计一个斗草"文斗"游戏，和同学们进行一次斗草体验吧！

战队名称	
"文斗"主题	例如：花草
"文斗"规则	例如：比赛前，每组各收集不少于 50 种花草名称作为素材；现场组队比试
游戏收获	

五年级《匠心手艺》教学过程

主题一　车鼓弄

教学目标	通过了解车鼓弄这一说唱、表演合一的传统歌舞形式，感受这种具有浓厚地方色彩的传统民俗娱乐形式，体验中华民族深厚的传统文化，增强民族认同感，激发热爱、传承和弘扬中华优秀传统文化的思想感情。 　　能在探寻车鼓弄的由来以及表演特点的相关活动中，了解车鼓弄为何成了海峡两岸人民喜爱的民俗娱乐节目，并在认识我们身边的车鼓弄省级传承人的过程中，体会这项宝贵的非物质文化遗产的重要性。 　　通过亲身逛逛庙会，或者从电视、报纸等媒体的报道中体验庙会的传统活动，感受新时代庙会的新变化，树立初步的问题探究意识、研究和处理信息的能力和动手实践解决问题的能力。
教学重点	认识车鼓弄的由来以及表演特点，感受这种具有浓厚地方色彩的传统民俗娱乐形式，在了解车鼓弄省级传承人的过程中，激发热爱、传承和弘扬中华优秀传统文化的思想感情。
教学方法	采用项目式、探究式的方法展开教学。
教学准备	学生准备：收集关于"车鼓弄"相关的资料，观看"车鼓弄"相关的视频。 　　教师准备："车鼓弄"相关资料、多媒体课件等。
教学课时	2课时。

第1课　车鼓弄（上）

一、非遗名片

1. 师：同学们，你们知道闽南地区有哪些传统文化活动吗？闽南地区传统文化活动丰富多彩，有南音、高甲戏、提线木偶、车鼓弄等，今天我们就一起走进"车鼓弄"的世界，进行一次关于"车鼓弄"的探秘。（板书：车鼓弄）

2. 师：请同学们一起阅读"非遗名片"这个段落，看一看你找到了哪些关于"车鼓弄"的秘密？

3. 学生自主阅读"非遗名片"段落，边阅读，边在书上圈画出关于"车鼓弄"的信息。

4. 师：车鼓弄中的"车"是什么意思？"弄"是什么意思？

5. 教师小结：它是一种说唱、表演合一的传统歌舞艺术，动作朴实简单，易学易演，诙谐幽默的风格，受到了广大人民的喜爱，2007 年被列入福建省第二批省级非物质文化遗产名录。（板书：福建省第二批省级非物质文化遗产）

6. 教师围绕"车鼓弄"的表演形式、由来、非遗地位等方面，引导学生结合书中的内容及课外收集到的资料，在班级展开交流。

二、阅古识今

（一）车鼓弄的由来

1. 师：你们知道车鼓弄的由来吗？

2. 学生阅读"车鼓弄的由来"。

3. 师：读了"车鼓弄的由来"，你们知道了什么？

4. 学生讨论交流。A 层次学生示范，再由 B、C 层次学生介绍，教师要多发现学生的优点，特别是点评时更多肯定和鼓励 C 层次学生。

5. 教师小结：车鼓弄与"音乐活化石"南音一样，有 1000 多年悠久的历史。车鼓弄是同安本地的产物，自古同安就流传"文看车鼓弄，武看套宋江"的谚语。明末清初传到台湾地区，成了海峡两岸人民喜爱的民俗娱乐节目。（板书："文看车鼓弄，武看套宋江"）

（二）表演特点

1. 师：车鼓弄有哪些表演特点呢？

2. 学生自主阅读。

3. 师：我们来看一段车鼓弄表演吧。播放车鼓弄表演视频。

4. 师：你们看出来了吗？车鼓弄有什么特点呢？（随机板书：男女二人扮作男丑与彩旦、进三步退三步、一唱一答）

5. 教师小结：车鼓弄表演时，男女二人扮作男丑与彩旦，扛着竹篮搭扣的鼓轿，踏着四方交叉步，进三步退三步，一唱一答，妙语如珠。表演内容多为孝道劝善、情人相思等。实际上，车鼓弄是闽南早期滑稽小戏——"弄戏"中的一种。演员在简单的场地上采用滑稽的动作和诙谐的对答的方式进行表演。

6. 车鼓弄在什么场合表演呢？在闽南地区，车鼓弄通常在庙会祭祀时表演，有时也会被邀请到婚庆人家演出。近几年来，经过整理改编的车鼓弄也出现在广场民俗活动、文艺踩街、大型晚会上，对保持传统民间表演艺术的多样化，丰富群众文化生活起到积极的作用。

三、匠人匠心

1. 师：你们知道谁在表演车鼓弄吗？

2. 教师介绍车鼓弄省级传承人林锦延和林明卿。（板书：车鼓弄省级传承人——林锦延和林明卿）

3. 学生观看视频。

4. 师：现在，车鼓弄成了各种文化演出的重头戏。除了这一对夫妻，还有其他车鼓弄的表演者也经常活跃在各个舞台上。对于车鼓弄这项非物质文化遗产，不只是要记录和留下这些舞步和唱词，更需要培养年轻的传承人，留住祖先留下来的这项宝贵文化遗产。

四、总结收获，布置任务

1. 今天，我们学习了有关车鼓弄的由来、表演特点等，你们有什么收获呢？希望你们回家后把自己的收获讲给爷爷奶奶、爸爸妈妈听。

2. 布置作业：周末抽空走上厦门街头，和爸爸妈妈一起去探访这些富有特色的车鼓弄雕塑，当个小导游，向爸爸妈妈介绍一下被称为厦门同安民间民俗文艺最纯粹的"土特产"——车鼓弄。

第 2 课　车鼓弄（下）

一、玩转车鼓弄

1. 师：上周末老师布置你们找寻车鼓弄雕塑，你们在哪儿看到了？

2. 分发"车鼓弄打卡区"，让学生填写。

3. 师：请你当个小导游向同学们介绍一下被称为厦门同安民间民俗文艺最纯粹的"土特产"——车鼓弄。

4. 指名学生上台介绍。C 层次学生先介绍，再由 B 层次学生补充，A 层次学生作点评。教师要多发现学生的优点，特别是点评时更多肯定和鼓励 C 层次学生。

5. 教师作小结。

二、逛逛庙会

1.师：你知道庙会吗？

2.师：说说你参加的庙会是什么样的，看到了哪些表演？分组讨论。

3.教师介绍：车鼓弄，是闽南庙会中经常举行的一种文艺表演形式。在过去，每一个古村落里都有大大小小的庙，不同的庙里供奉着不同的神灵。所谓村落庙会，就是由一个或几个村庄轮流主办，民众自发、自愿、自主举办的民俗活动。庙会形成的条件是集市，其次是祭拜仪式。庙会举行时，农工商皆定期赴会，参加贸易，同时亦举行相关的文艺演出，如舞蹈、戏曲、花会等。

三、我的发现

1.师：我们有些同学虽然没有到现场参加庙会，但是，我们可以从记者的报道中了解这些庙会的盛况，厦门同安梵天寺每年都举办庙会，这已经成为厦门过年的一大特色了。请看 2017 年至 2019 年关于此活动的新闻报道的标题：

2017 年春节——

《同安区数万民众赶庙会　梵天寺迎来文明进香香客》

2018 年春节——

《震撼！一年一度梵天寺庙会盛况，数万人齐聚，火热热，闹腾腾！》

2019 年春节——

《人山人海！一年一度同安梵天禅寺庙会日，热闹非凡》

2.请分析这三则新闻报道的标题，说说你有什么发现？学生讨论交流。

3.教师作小结。

四、我的体验

1. 布置学生阅读《同安区数万民众赶庙会　梵天寺迎来文明进香香客》这篇报道。

2. 小组讨论：从这篇新闻报道中，你能够了解到庙会的哪些传统活动？同时，为了适应新时代人们的需求，庙会中又有哪些新变化？

3. 填写表格。比较庙会传统活动和庙会的新变化。

4. 师生共同评议。

五、展望未来，提出任务

1. 教师总结：车鼓弄这种喜闻乐见的娱乐形式得到了广大群众的喜爱，虽然时代变迁，但是民俗表演仍然有强大的生命力。2006 年，在第三届厦门市群众文化艺术节舞蹈比赛中，同安文化馆经过改编的《喜弄车鼓》获得了金奖，这是对同安车鼓弄的传承工作的肯定。但目前的状况是，喜欢看的年轻人多，乐意学习的不多。因此，同安区政府有意在校园当中推广车鼓弄，希望更多的人来学习，让这个传统的艺术形式得以传承下去。

2. 提出任务：回家和家人一起观看车鼓弄的表演视频或者参加一次庙会活动。

主题二　蹴鞠

教学目标	知道蹴鞠是什么，以及蹴鞠的由来和演变过程。 初步了解"鞠"的制作方法及发展过程。 　　将蹴鞠与现代足球相联系，引导学生尝试踢足球，感受玩球的乐趣，树立规则意识、合作意识。 　　在蹴鞠活动的过程中锻炼反应能力，并初步养成个人判断的意识。 　　探索、发现生活中的多样性以及传统活动的美好，增强民族荣誉感。
教学重点	了解我国古代蹴鞠运动的相关知识。 　　将蹴鞠与现代足球相联系，并了解蹴鞠的演变过程及规则。 　　尝试着让学生制作一个属于自己的蹴鞠。
教学难点	找到古代蹴鞠与现代足球的联系。 　　了解蹴鞠的规则。 　　实际体验蹴鞠游戏。
教学方法	采用探究式的方法展开教学。 　　采取实践的方法真切的感受蹴鞠活动的魅力。
教学准备	物资准备："鞠"的实物一个，足球一个。 　　多媒体资料："鞠"的不同样式的照片，"蹴鞠"的球门照片，"蹴鞠"的场景照片；蹴鞠活动的视频。 　　材料准备：小块布若干，胶水，美术本和彩笔，棉花若干。
教学课时	2 课时。

第 3 课时　蹴鞠（上）

一、情景引入

1.师：各位同学们，今天我们的课堂来了位新朋友。

2.教师拿出一个"蹴鞠"。

3.师：哪位同学知道这是什么？不知道也没有关系，哪位同学知道这个是什么？

4.教师拿出一个足球。

5.师：没错，这个就是足球。大家有没有发现，这两个球长得有点像？这个球（蹴鞠）又是做什么用的呢？哪位同学想来猜一猜？

6.邀请两位同学进行猜想。

7.师：大家都有自己的想法，那么这个球究竟是做什么的？这个球叫什么名字？请大家带着问题，来看一段视频。

8.播放蹴鞠活动的视频。

二、认识蹴鞠

1.了解蹴鞠：

师：哪位同学现在可说出这个球的名字？

教师邀请一位同学回答。

师：没错，这个球叫"鞠"。"蹴"就是用脚踢，"鞠"是皮制的球，"蹴鞠"就是用脚踢球，它是中国一项古老的体育运动，有直接对抗、间接对抗和白打三种形式。（课件展示各种图片）

2."鞠"的发展史：

师：我们早就有同学发现了，蹴鞠非常像我们现在的踢足球。那么蹴鞠和足球有什么关系？蹴鞠又是怎么演变的呢？请同学们在自己的小组内进行大胆的猜想。

教师提前将学生分好组，给学生 3 分钟的时间讨论。

师：哪个小组愿意进行分享，你们组觉得蹴鞠是怎么演变过来的呢？

教师邀请一个小组分享。

师：同学们的猜想特别棒，非常接近了！那么现在老师就给大家讲一讲蹴鞠是如何演变来的，要仔细听哦。

师：最早的"鞠"使用四块皮缝制而成，有点像橄榄球，后来发展到由六块皮缝制而成，这样就更像球体了，再后来变成四周有六块皮、上下各有一块六边形的皮缝制而成，越来越接近球体。最后慢慢地演变成了现在的足球样子，由若干块五边形的皮缝制而成，球里面塞满了毛发，颜色还是皮的颜色——土黄色，而且缝的时候线在里面，外面看不到线。

师：再看看我们现代的足球，有黑白两种颜色，由五边形的黑皮和六边形的白皮共 32 块皮缝制而成的，球里面也不再塞毛发，而是充气。

师：另外再告诉大家一件事情，在今年的世界杯足球比赛中足球又变颜色了，由黑、白、金三色组成，而且球的表面没有了接缝。

三、制作蹴鞠

师：老师讲了这么多，现在要看看大家究竟有没有记住？哪位小朋友记得，古代的蹴鞠，是由什么制成的？

教师邀请两位学生进行回答。

师：没错，"鞠"是用皮缝制成的，里面塞满了毛发，外形像球体。那么"鞠"里面为什么塞毛发？为什么要把"鞠"缝得像球体？请小朋友们在小组里相互讨论一下！

教师引导学生展开 5 分钟时间的自由讨论，然后邀请两个小组进行分享。

师：小朋友们都特别棒，"鞠"里面塞毛发是为了让它轻巧而且更有弹性，玩起来更方便；把"鞠"缝得像球体是为了让它更加容易滚动；不同样式，说明"鞠"在不断发展、变化。人们在蹴鞠的过程中根据需要不断地改进鞠的样式，以及比赛的规则。

师：我们一起来看看这项运动都有哪些著名的粉丝？

教师邀请学生交流分享、PPT 呈现课本资料。

师：了解了这么多，那么接下来我们看看自己面前的材料，尝试着做一个属于自己的小蹴鞠吧！

教师示范制作步骤并讲解规则，然后带领学生制作蹴鞠。

第 4 课　蹴鞠（下）

一、温故旧知，引入新知

师：同学们，谁还记得我们上节课讲了什么内容？给大家一点提示，是一项特别有意思的活动。（设想学生都记起蹴鞠活动了）

师：同学们太棒了，我们上节课讲了什么是蹴鞠，以及有关蹴鞠的历史，我们还亲手制作了一个属于自己的小蹴鞠！现在大家都知道了，蹴鞠是古代的人喜欢的一种游戏活动，类似于踢足球。那么今天，我们就来看看究竟为什么蹴鞠这么好玩？蹴鞠又该怎么玩呢？

二、"蹴鞠"规则讲述

师：哪位同学知道足球的规则？愿意给大家分享一下吗？

教师邀请一位平时经常运动的学生回答问题。

师：没错，蹴鞠和足球运动有点像。古代的蹴鞠比赛规则各不相同，没有统一的规则，球门有的设在中间位置，双方共用，有的还设立多个球门，必须从椭圆形的洞踢进才算进球。

师：但是最常见的，还是衣服颜色不同的左右军分站两边，每队 12 或 16 人，分别称为球头、骁球、正挟、头挟、左竿网、右竿网、散立等。

师：比赛时以鸣笛击鼓为号，左军队员先开球，互相颠球数次然后传给副队长，副队长颠球数次，待球端正稳当，再传给队长，由队长将球踢向风流眼，过者为胜。右军得球亦如此。结束时按过球的多少决定胜负。

师：规则是不是有点复杂？没关系，我们今天就来进行一个小小的比拼赛！在开始比赛之前，请各位小组再次回忆一下我们的比赛规则，进行概括。

学生分组回忆刚刚讲过的比赛规则。

师：哪个小组愿意来和大家分享一下我们制定的"蹴鞠"游戏的规则？其他小组可以做补充哦。

教师邀请 3 个小组进行分享，并对其规则进行补充或者更正。

师：小朋友们都特别棒，规则都记得非常清楚，双方队员各 11 名，其中双方都有一名队员当守门员，双方各有一个球门，将球踢进对方的球门，进球多的为胜利方。用手抢球、推人、打人都算犯规，要用黄牌警告或者用红牌罚下场。

师：今天我们场地有限，每组只需 4 位小朋友即可。那么接下来，就让我们开始一场小型的蹴鞠比赛吧！

三、玩蹴鞠

环境准备：在教室内将桌椅挪开，提供较大的场地进行活动。

师：在比赛之前，我们还有几项规则需要遵守！首先要注意自我保护，不要受伤；其次不可以用手推人，不可以用手抢球；最后，要自觉，不要犯规哦！

学生开始比赛。

主题三　拔河

教学目标	通过了解拔河的演变史，感受岁月更迭，国家的进步，激发热爱祖国、敬畏生命的积极情感；从被"拔"走的非遗中体会中华民族深厚的文化积淀，增强民族认同感，激发热爱、传承和保护中华优秀传统文化的思想感情。 能对拔河与历史朝代的更替变化的关系进行简单的观察和探究，树立初步的问题探究意识，养成研究和处理信息的能力、动手实践解决问题的能力。 了解拔河的演变史，认识拔河的技巧，从拔河被外国申请"非遗"的事件中激发保护传统文化的情感；懂得拔河活动是我国古代劳动人民对自然生物研究和科学技术不断进步、不断认识与总结中发展起来的，是在实践中创造出来的宝贵科学财产。
教学重点	认识拔河对我们生活的影响，学会拔河的技巧。通过了解拔河历史上发生的趣事，激发学生热爱、传承和弘扬中华优秀传统文化的思想感情。
教学方法	采用探究式的方法展开教学。
教学准备	学生准备：收集关于拔河的相关的资料，对拔河技巧进行实践，感悟其带来的乐趣。 教师准备：拔河活动材料、多媒体课件等。
教学课时	2 课时。

第 5 课　拔河（上）

一、游艺小学堂

1. 师：同学们，你最喜欢运动会上的什么团体项目呢？（让学生自行回答，最后导入拔河项目）每当拔河项目开始时，全校所有的师生都会

162

齐聚操场，共同观赏这一体育盛事。你们知道吗，拔河起源于我国的春秋时代，距今已有 2000 多年的历史。拔河的发明是中华民族的智慧成果之一，拔河成了我们经久不衰的休闲娱乐项目，渗透到我们生活的方方面面。今天，我们就一起走进大家在春天最喜欢的一项休闲娱乐项目——拔河活动，进行一次关于"拔河"的探秘吧。

2. 师：请同学们一起阅读"拔河的演变史""被'拔'走的非遗"，看一看能找到哪些关于"拔河"的秘密。

3. 教师围绕着拔河的演变史，引导学生结合书中的内容及课外收集到的资料，在班级展开交流。

4. 学生提出疑问。

5. 预设疑问：

（1）最初的拔河是什么样的呀？

（2）举行拔河活动需要用到哪些材料呀？

（3）不同朝代的拔河活动有什么不同？

6. 让我们通过一段小资料来解答大家的疑问吧。

早在春秋战国时期，就有了拔河这项活动，不过那时不叫拔河，而称为"钩强"或"牵钩"，后来演变成为荆楚一带民间流行的"施钩之戏"。唐代以后才有现在所说的"拔河"。和荡秋千、放风筝、蹴鞠一样，拔河在春天最盛行。人们用麻线编成像辫子一样的长绳，往往要达数里之长，鼓声一响，双方发力。

隋代文学家杜公瞻认为最早的拔河是在水上进行。据他推测，水上拔河起源于春秋时代楚国水军与越军的战争。楚军用一种叫作"钩强"的兵器与越军进行水战，越船后退就钩住它，越船进攻就推开它。在没有战争的日子里，"施钩之戏"也经常被拿来训练军队。训练得久了，传播得远了，自然而然这"施钩之戏"便传到了民间，受到了百姓的欢迎和喜爱，所以就有了拔河这项游戏。

唐玄宗时期，拔河场面更是壮观。据说，唐玄宗为了向番邦证明唐朝国力强盛，不惜投入巨资，举办了一场声势浩大的拔河比赛，其参加人数之多，竞赛气氛之浓烈，都是后代望尘莫及的，观看拔河的无论是外国商旅还是士庶平民，无不感到震撼。

7. 面对被"拔"走的非遗，你的心情如何？你该怎么做？

8. 学生小组合作，展开讨论。

二、游艺里的千滋百味

1. 师：你知道历史上发生了很多有趣的拔河故事吗？请同学们来分享。

2. 学生观看教材。

3. 师：在唐朝宰相张说的诗作《奉和圣制观拔河俗戏应制》中，将拔河情景描述得十分清晰。挽者们不惜力气，人人都为自己一方拔得上筹而努力。

4. 师：我们一起来看看这首赞美拔河的古诗吧。

今岁好施钩，横街敞御楼。长绳系日住，贯索挽河流。

斗力频催鼓，争都更上筹。春来百种戏，天意在宜秋。

5. 学生朗读此诗，并尝试理解。

第 6 课　拔河（下）

一、拔河有技巧

1. 师：拔河不能光靠劲大，实际上光是体重大和力量大的人未必能胜，拔河也需要技巧。我们一块来研究一下拔河的技巧吧！

2. 学生交流自身经验。

3. 学生观看视频，了解拔河的技巧。

4. 梳理拔河技巧，如下：

（1）姿势要正确。拔河时用力的是腿和腰，而不是手臂。所以，人的重心要尽量压低，身体尽量向后倾，与地面成 45 度角，重心落在支撑点的后面，臀部不能过分突出。

（2）整体形成合力。充分发挥整体的力量。拔河要有指挥，大家要养成听指挥的习惯，在同一号令下一起使劲。

（3）体重大的人站在后面。最后一个人可以选择体重比较重的人。他要蹲得比较低，重心低一点不容易被拉跑，还应提高警惕，观察前面的动态。

（4）两侧运动员分配均匀。绳子两侧的运动员要分配均匀，否则会出现摆尾，即蛇形摆动。一旦出现这种情况，会使运动员站立不稳，同时合力减小，即绳上的拉力减小。

（5）啦啦队的气势足。啦啦队的情绪口号会直接影响到队员的情绪和施力的整齐程度。

（6）其他拔河技巧。（学生自行补充）

二、反套路拔河

1. 师：拔河的技巧同学们都学会了吗？如果由你设计一场创意拔河比赛，你有哪些好主意？对于本次的创意拔河，我们可以大胆地提出一些有趣的规则，例如：拔河选手由对方选择、用报纸作为拔河材料等。我们也来开展一次快乐的创意拔河比赛吧！

2. 学生以小组为单位，展开讨论，比一比哪个小组想出的方法多。

3. 梳理大家的拔河技巧。

有趣的拔河新规：反套路拔河——拔河选手由对方选择；微型拔

河——用报纸作为拔河材料。

4. 举行一次现场的拔河比赛活动。

5. 教师总结：通过了解拔河的发展史与演变史，我们感受到了中华儿女的智慧，体会到了中华民族深厚的文化积淀。希望通过今天的学习，同学们能够进一步了解拔河的相关知识，更加热爱中华优秀传统文化。

主题四　斗草

教学目标	通过了解斗草的起源、斗草的形成、历史渊源等知识，感受斗草的习俗及文化特征。 通过对斗草习俗的描述，以及对古人的游艺竞技民俗的了解、提高自身文化素养；能对古人的游艺竞技民俗进行了解和探究，树立初步的问题探究意识，养成研究和处理信息的能力、解决问题的能力。 通过学习、实践活动，激发对古人的游艺竞技民俗的探究兴趣，培养热爱传统文化的情感，增强对传统文化的传承和保护意识，激发热爱、传承和弘扬中华优秀传统文化的思想感情。
教学重点	通过对斗草习俗的描述，以及对古人的游艺竞技民俗的了解、提高学生的文化素养；通过学习、实践活动，激发对古人的游艺竞技民俗的探究兴趣，培养热爱传统文化的情感，增强对传统文化的传承和保护意识，激发热爱、传承和弘扬中华优秀传统文化的思想感情。
教学方法	采用探究式的方法展开教学。分出学习小组，让各小组成员进行自主分工，收集和整理斗草的相关资料。在学生自主探究的基础上，再抛砖引玉引导学生欣赏，提出有效问题让每个学习小组成员思考、交流。
教学准备	教师准备：幻灯片、活动材料、多媒体课件等。 学生准备：收集关于"斗草"的历史资料。
教学课时	2 课时。

第7课　斗草（上）

一、激情导入

1.播放古人的游艺竞技民俗——斗草，学生感受古人的游艺竞技民俗的乐趣。

师：你知道这是什么游戏吗？它是怎样产生的？有怎样的历史渊源呢？

生：很有趣。

生：很好玩。

师：这是古人的游艺竞技民俗——斗草。（板书：斗草）

2. 介绍斗草。

古代的游艺竞技民俗中，有一类活动被称为"斗戏"，诸如让各种虫鸟禽兽搏斗，以供观众们欣赏。除了这些动物的斗戏，植物也可以一较高下，所以称之为"斗草"，也叫"斗百草"。

二、游艺小学堂

1. 了解斗草的由来。

关于"斗草"一词，最早的记载要追溯到南朝梁宗懔的《荆楚岁时记》："五月五日，四民并踏百草，又有斗百草之戏。采艾以为人，悬门户上，以禳（ráng）毒气。"

这里的"五月五日"就是现今的端午节。端午节的习俗是以摒除恶毒邪气、驱赶瘟疫为主。人们要采集艾草编成人形，钉在门上，或制作"五色索"缠挂在孩子的脖子、手臂和脚腕上，斗草习俗也在这个过程中慢慢形成了。

2. 斗草的分类。

学生小组分享收集的材料。

武斗：（板书）

斗草的纯真和闲致都在青青草色之中。游戏双方各持一根草，把草叶捋净，只剩下草茎，然后两人将草茎相勾相套成"十"字。喊开始以后，两人都往自己的方向使力，谁先把对方的草茎扯断，谁就获胜了。这看似极为简单的游戏，也能让小伙伴们玩上几个时辰，常常是没过多少光景，地上就都是残草败根了。这是最初的斗草，也被称为"武斗"。

文斗：（板书）

所谓"文斗"，就是对花草名，女孩们采来百草，以对仗的形式互报草名，谁采的品种多，对仗的水平高，坚持到最后，谁便赢。因此玩这种游戏没点植物知识和文学修养是不行的。这种"斗草"的玩法，凭借的不是一股蛮劲，而是用更文雅的言语来"斗"。双方互相报出自己手中花草的名目，比较花草品种数量的多寡，用对对子的方式把花草名嵌入对子中。这种斗草被称为"文斗"，讲究文雅之气。

3.学生分组活动，感受"武斗""文斗"的不同与乐趣。

三、游艺里的千滋百味

1.欣赏清代宫廷画家金廷标的《群婴斗草图》，体会找草、拔草、运草、斗草的过程和游戏的欢乐。

2.感受"红楼梦中斗草乐"中的乐趣。

曹雪芹或也曾目睹了斗草游戏，所以他把斗草之戏写进了《红楼梦》，第六十二回中写小螺和香菱、芳官、蕊官、藕官、豆官等人采了些花草来兜着，坐在花草堆中斗草。

……

3.品读唐代诗人崔颢写少妇斗草的诗《王家少妇》：

> 十五嫁王昌，盈盈入画堂。
> 自矜年最少，复倚婿为郎。
> 舞爱前溪绿，歌怜子夜长。
> 闲来斗百草，度日不成妆。

刚嫁入王家的少妇，闲暇无奈，只能靠斗百草来打发时光，尽兴之余甚至忘记了梳妆打扮，可见斗草游戏多么吸引人。

四、预习新课，分组布置任务，拓展延伸，开展探究活动

1. 分小组，安排小组各个成员的任务。
2. 向家长介绍本课获得的知识——斗草的习俗。

第8课　斗草（下）

一、谈话导入

师：同学们，有哪些草适合作为斗草材料呢？找到它们并了解不同的玩法吧。

二、分组汇报与交流

采用探究式的方法展开教学。分出学习小组，让各小组成员进行自主分工，收集和整理斗草的相关资料。在学生自主探究的基础上提出有效问题，让每个学习小组的成员主动思考、交流。

1. 斗草之"武斗"：
交流斗草的材料及玩法。
2. 斗草之"文斗"：

师：看了《红楼梦》中的斗草故事，你了解"对花草名"的玩法了吗？《镜花缘》第七十六回中也有关于斗草"文斗"的例子。

学生阅读文本，如"风吹不响铃儿草，雨打无声鼓子花""当归一名'文无'，芍药一名'将离'"……诸如此类，文中所写斗草之法与《红楼梦》的颇为相似，只不过《红楼梦》中折花折草以实物对，《镜花缘》中仅对名称，文本后面还写到花草的应对，如长春对半夏、金盏草对玉簪花、观音柳对罗汉松，这种斗法才真正称得上文雅。

请你也设计一个斗草"文斗"游戏和同学们进行一次斗草之"文斗"体验吧！

战队名称	
"文斗"主题	例如：花草
"文斗"规则	例如：比赛前，每组各收集不少于 50 种花草名称作为素材；现场组队比试
游戏收获	

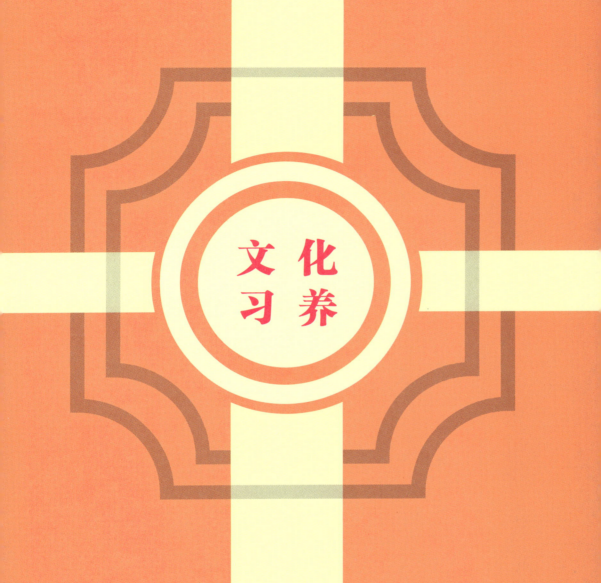

文化
习养

六年级《文化习养》课程设计

忠贞不渝的屈原，
宁死不屈的文天祥，
智慧担当的诸葛亮……
先贤的千古佳话在此传颂，国风家风在此传承。

现代"中国天眼之父"南仁东，
"中国最美洗脚妹"刘丽，
大同小学"泳士团"成员，
还有身边的道德模范、美德少年……
这是时代的楷模，也是我们在新时代中的榜样。

仁义礼智信，忠孝节勇和，
习礼仪，传家风，增智理，立志向！
岁月年轮历经千年，却始终告诉我们：
不忘礼承传统，智启人生；
涵育家国情怀，奠基生命成长。

第1课 "仁"传千古

不仁者，不可以久处约，不可以长处乐。仁者安仁，知者利仁。

——《论语·里仁》

志士仁人，无求生以害仁，有杀身以成仁。

——《论语·卫灵公》

千古佳话

商汤施仁

夏朝的夏桀（jié）残忍无道，治国无方，引起了百姓的不满。商汤是商国的仁义君主，他想争取民心和大家一起推翻夏桀的统治。

有一次，商汤去野外郊游，看见有人正在林子里忙碌地张挂捕捉飞鸟的网。为了捕捉到更多的飞鸟，那个人在东南西北四个方向都张挂了捕鸟网。商汤看见后，不禁感叹道："唉，这个人的做法实在太残忍了！这样四面都张挂网，周围的飞鸟不就都被捉尽了？"商汤就让身边的侍从拆掉了三个方向的网，只留下一个方向的。

没过多久，商汤"网开三面"的故事就在民间传扬开了。各国诸侯知道了这件事，他们认为商汤能如此仁爱，一定值得信赖。一时之间，来归顺商汤的竟然有三十六国之多。最后，商汤联合大家的力量，终于推翻了夏桀的统治，建立了商朝。

商朝刚建立不久，就遭遇到连年的大旱。这时，一位巫吏说，他卜了一卦，卦象上显示只有将人当作祭品，向上天祭祀，才会下雨。商汤细细思考了一会儿，然后对大臣们说："如果一定要用人来做祭品才能求得到雨，那就让我去吧！"商汤站在祭台上，向上天祷告："上天啊，有什么过错就让我一人承担吧，不要连累了天下的黎民百姓。"也许是商汤对天下黎民百姓的仁爱之举感动了上天，巫吏们刚把祭台下的柴堆点着，天空中就乌云密布，大雨倾盆。所有人都认为是商汤的仁爱之举感动了上天，才天降甘霖。

商汤建立了商王朝后，积极治国，鼓励生产，安抚民心，商成为华夏之后又一个强大的王朝。

苏东坡的故事

苏轼，号东坡居士，是北宋著名的文学家、书法家、画家。在杭州做官期间，有一天，苏东坡正在处理公务，忽然听到屋外一片嘈杂声，原来是一位老人家用手捂着半边红肿的脸前来告状。

老人解释说，有一个制扇人向他借了钱，他去要债，制扇人不仅没有还钱，还出手打了他。老人将借据递给苏东坡看，苏东坡觉得证据确凿，就立即让人将制扇人传唤过来问明事由。

制扇人说今年一连几月天气都不好，扇子都积压了下来，卖不出去。自己是无力还债，并不是想赖账不还。至于老人所说的打人之事，是因为老人没能如愿地要到债就辱骂了制扇人，制扇人一怒之下就打了老人一巴掌。制扇人称自己现在也很后悔，他愿意接受惩罚。但现在真的还不了钱，他恳请苏东坡作证再宽限些时日，以后一定会按约还债。

苏东坡了解事情的原委后，并没有责罚他们中的任何一个人，反而执笔在每一把绢扇上画了各种各样的画，有的还题上了字。苏东坡刚画完扇子，就被等候在一旁的人以高价抢购一空了。结果，卖扇子所得不但帮制扇人还了债，还有剩余。

苏东坡在自己晚年困难的时期，仍尽自己最大的努力去帮助别人。邵民瞻是苏东坡的一名学生，有一次苏东坡和邵民瞻在月下散步，当他们经过一户人家门前时，隐隐听到有老妇人的哭声。苏东坡和邵民瞻一起走进屋内，关切地询问老妇人："出什么事了？"老妇人说："我家有栋老房子，前些日子却让我那不孝的儿子卖给了别人，一家几代人住了近百年的房子，就这样永远地失去了，这怎么能不让人伤心呢？"

苏东坡听后也为老妇人感到难过，就接着询问她儿子卖掉的是哪一栋房子，没想到老妇人所说的房子正是前些日子苏东坡花了一生积蓄所买的那栋。

苏东坡听后马上让人把买卖房屋的凭据拿来，当着老妇人的面，将房契给焚烧了。第二天就让老妇人的儿子接她母亲回到原来的住所，而苏东坡花去的买房钱，也就这样不了了之。

子罕仁爱不图报

春秋时期，诸侯争霸，战乱不断，期间出现了一位以仁爱闻名的贤臣，他就是乐喜，人称司城子罕。

有一次，楚国的大臣士尹池奉命出使宋国。士尹池来到子罕府宅，发现子罕南面邻居家的墙向前突出很多，越过了界眼，而子罕却没有拆除它。接着，又发现西面邻居家的积水在子罕家的院子里流过，而子罕也没有加以制止。

士尹池很奇怪，子罕笑着回答："我家南面的邻居，他家世代都是做鞋的穷苦工匠，我曾经要求过他搬家。他父亲对我说，他们三代都是靠做鞋谋生，如果现在搬家，那些要买鞋的人哪里知道他们的新住处，他们的生活就会受到很大的影响，所以不忍心让他们搬家了。而我家的院子地势比较低，西面邻居家的地势比较高，我看到积水从我家院子里流过对他们非常便利，所以没有制止。"

士尹池听了子罕的一番话，深深地被他的仁爱之心所折服。子罕为人仁厚，不仅表现在日常生活中对周围的邻居仁爱有加，在朝为官时，他处处为黎民百姓着想。

襄（xiāng）公二十九年，郑国和宋国都发生了几十年不遇的饥荒，许多百姓沦落成乞丐。于是子罕便请示自己的君王说："大王，郑国发生了饥荒，子皮按照父亲遗愿给百姓们分发了粮食。我们宋国的饥荒也很严重，为了救黎民百姓于水火，我恳请大王能够拿出公室的粮食暂时借给百姓，让大臣们也都把粮食借出去以赈灾民。"

宋国的国君也是一位仁爱之人，他也不想看到自己的子民受饥饿之苦，便采纳了子罕的建议，而子罕自己几乎将所有的粮食都借了出去，却不写一张借据，也不要求别人归还。有的大臣自己家里缺乏粮食，根本没有余粮再外借给他人，子罕知道后又拿出自家的粮食并且以那些缺乏粮食的大臣的名义，借给百姓。

由于君王及时采取了救民的措施，子罕又带头给百姓们分发粮食，所以当时的宋国虽然没有多少余粮，但也安然度过了饥荒。

不仁必遭厄运

北宋年间有一个大奸臣，名字叫作蔡京，他胡作非为，无恶不作。蔡京权倾朝野的几十年，老百姓对他是又恨又怕。

蔡京在京城有一座府邸，为了满足私欲扩建自己的宅院，他竟然不顾周围老百姓的死活，直接将百姓的房屋毁坏了。被欺压的老百姓因为蔡京位高权重，有苦无处诉说，只能默默忍受，最后流离失所。

有一次，蔡京得知皇帝特别喜欢花石，为了投其所好，开始收集各种奇花异石。蔡京强迫当地老百姓为他干活，很多人家卖儿卖女才能凑齐免服徭役的费用。蔡京的种种恶行引起了很多大臣的不满，其中有一位叫作方轸（zhěn）的大臣向皇帝检举了蔡京的罪行，并主张罢免他的官职。

蔡京知道后对方轸怀恨在心，并构陷罗列罪名将方轸流放。朝中很多像方轸一样的忠臣义士也惨遭蔡京的诬陷，或贬或杀。后来金兵大举侵犯，宋朝的官兵却是节节败退，眼看就要攻打到京城了。当时，全国上下对蔡京是一片声讨，皇帝收到的主张罢免蔡京官职的奏折像雪片样飞来，大多是联名上书主张严惩蔡京的。皇帝只好下令将其流放，永不再用。

蔡京听闻，却满不在乎。因为蔡京压榨百姓多年，平日里搜刮了很多民脂民膏，所以对于皇帝的惩罚压根就没有放在心上，认为自己被流放只不过是换个地方享受生活而已。然而，他想错了，对于他这样无恶不作的大奸臣，百姓们早已深恶痛绝。流放途中，没有一个人愿意卖给蔡京吃喝的东西。因此，蔡京虽然拥有一船的金银财宝，却在流放途中买不到食物和水。卖东西的小贩不仅不卖给蔡京食品，还气愤地打了他，如果不是负责押送他的官兵保护，他早就被沿途的百姓打死了。终于到了流放地长沙，当地老百姓也不欢迎他，蔡京连个安身之处都没有，最后只好住进城南的一座破庙里。最后，蔡京饿死在了那座破庙里。

"美德" @ 你

"仁"告诉我的：＿＿＿＿＿＿＿＿＿＿＿＿＿＿＿＿＿

＿＿＿＿＿＿＿＿＿＿＿＿＿＿＿＿＿＿＿＿＿＿＿＿＿＿＿

＿＿＿＿＿＿＿＿＿＿＿＿＿＿＿＿＿＿＿＿＿＿＿＿＿＿＿

第 2 课　时代说 "仁"

时代链接

医者钟南山：医生看的不是病，而是病人

在广东，有一位医者，叫钟南山。

在医学界，有一种责任，叫"南山精神"，那是无论置身于怎样的环境，都永葆爱心、责任心和进取心。

每周四下午是钟南山的例行问诊时间，如无特殊情况，他会两点半准时出现在广州医科大学附属第一医院门诊三楼 1 号诊室，问诊全国各地

慕名而来的患者。

2003 年发生的事情，是钟南山人生众多转折点中最具传奇色彩的一笔。那一年，"非典型肺炎"（以下简称"非典"）来袭，在疾病最先爆发的广东，作为广东省乃至全国呼吸科的代表人物，原本只在行业内享有盛名的 67 岁的钟南山，被推到了台前。

2002 年 12 月 22 日，广州医学院第一附属医院呼吸疾病研究所（以下简称"呼研所"）收治了一位从广东河源转来的危重肺炎病人。根据多年的行医经验，钟南山意识到这是一例值得关注的特殊病例。接下来，广东省内接连出现相同病例，截至 2003 年 1 月 20 日，中山发现 28 例此类病人。21 日钟南山赶到中山，会同广东省卫生厅专家组，对病人进行会诊和抢救。随后钟南山被任命为广东省非典型肺炎医疗救护专家指导小组组长。由于对非典研究不足，珠三角一带病人越来越多，第一批收治的医院，大批医护人员也被感染，病情渐渐控制不住。在广东省卫生厅召开的记者见面会上，钟南山受命对媒体讲解非典的起因和病人的发病情况。他以院士声誉担保，称"非典并不可怕，可防、可治"。很长一段时间内，钟南山和攻关小组全力以赴钻研疾病的救治方法。3 月 17 日，广东省全省累计报告病例首次突破 1000 例。钟南山此时说出了至今仍被人们记住的话："把重症病人都送到我这里来。"重症患者都是要把气管切开的，很危险，但后来的结果是，钟南山那里重症患者的死亡率得到了控制。他的治疗方案效果得到了证明，危重病人的抢救成功率达到 87%。

在这次新中国成立后最严重的疫情危机中，当疫情一度被瞒报、人心惶惶时，掌握非典相关信息、主张无隐瞒披露的钟南山迅速成了抗击非典的"领头人"，钟南山坚持认为，信息公开是疫情防治的重中之重。在一次采访中，他称："政府对疫情发展实情的信息发布越是透明，公众就越是稳定，诚实永远是上策。"他的一举一动成了抗击非典疫情的风向标，同时他也成了非典时期医疗工作者的最佳代表。《人民日报》形容他拥有"大无畏的献身精神、实事求是的科学精神、拯救生命于死神的博爱精神"。

学"习"说

　　长期以来，我国广大医务人员响应党的号召，弘扬敬佑生命、救死扶伤、甘于奉献、大爱无疆的精神，全心全意为人民健康服务，在疾病预防治疗、医学人才培养、医学科技发展等方面发挥了重要作用并取得了丰硕成果，涌现出一大批医学大家和人民好医生。特别是在面对重大传染病威胁、抗击重大自然灾害时，广大医务人员临危不惧、义无反顾、勇往直前、舍己救人，赢得了全社会高度赞誉。

　　——摘自《习近平对首个"中国医师节"作出重要指示》，2018 年 8 月 17 日，新华社

我的采访

右边这个图标你认识吗？

请写出它的名称：_____

_____

　　从习总书记的讲话中，我们感受到医者仁心。在我们的校园里，也有这样一位默默付出、无私仁爱的校医——黄慧珍医生，她是同学们心中慈爱的"医师妈妈"。学校广播站准备组织一次"最美校园人物"采访活动，请你采访黄医生，了解她在平时工作中的一些经历和体会。请先设计一下自己的采访提纲，然后开展采访活动。

大同小学"最美校园人物"采访提纲

采访对象	
采访目的	
采访时间、地点	
采访问题	

第3课 "智"传千古

智者不愁，多为少忧。

——汉乐府《满歌行》

智者顺时而谋，愚者逆理而动。

——南朝宋·范晔

千古佳话

善思好问：小项橐（tuó）三难孔夫子

春秋时期鲁国有一个小孩，名叫项橐。项橐从小就喜欢观察周围的事物，并常常问些奇怪的问题。

有一次孔子向东出游，忽然看到几个小孩在大路中间玩，他们用小石头围了个圈，里面用薄板石盖了间小屋。子路大喊让他们让路，唯独一个小孩不肯离开，他正是七岁的项橐。子路停下车，大声呵斥，可是项橐一动不动。"这里是一座城，你一辆小小的马车怎么能过去？"项橐指着他们玩耍的石头圈说。

孔子看到项橐敢与陌生的大人争论，很是惊奇，问道："如果车马从你这过，会怎样？"项橐不卑不亢地回答："我的城很坚固，大门一关，车马怎么可能过去呢？"孔子接着问道："为什么过不去啊？"小项橐笑

183

着回答说："是城能躲让车马，还是车马能躲让城？"孔子听后只好让子路绕"城"而过。

孔子走到小项橐跟前，摸着他的头说："我看你小小年纪，才智过人。咱们俩现在每人回答对方一个问题，谁答不上来就拜另外一个人为师，怎么样？"

项橐让孔子先问，孔子问道："人们能够活在这个世界上，全都是依靠日月星辰的光芒。我想问你，天上有多少星星，一年之中地上有多少五谷？"项橐想了想说："一天有一夜的星星，一年地上有一茬的五谷。"

接着轮到小项橐提问了，他开口便问："人和大地相比起来很是渺小，眼睛上的眉毛和天空比起来也要低得多，我要问你的是，人眼上的两条眉毛有多少根？"孔子想了半天却答不上来，只好履行约定，准备拜小项橐为师。

此时，小项橐突然跳进了旁边的水塘中说："沐浴后才能行拜师。"说完后还让孔子也下来沐浴。孔子说："我没有学过游泳，怕下水后会沉下去。"项橐却哈哈大笑："鸭子也没有学过游泳，它不也是浮而不沉？""鸭子之所以不往下沉是因为它有羽毛。"小项橐又接着说："那葫芦不也是没有羽毛，它不照样会浮在水面上？""那还不是因为葫芦是圆的，并且里面空心。"项橐又问道："庙里的大铜钟里面也是空心的，那它在水里为什么又会下沉呢？"孔子听后，一时语塞，竟不知道从何处开始回答。

等到项橐沐浴完后，孔子恭敬地拜他为师。后来人们尊称项橐为"圣公"，意思是圣人的老师。

智勇双全：诸葛亮智退敌军

诸葛亮，字孔明，是三国时期蜀国丞相。当时天下三分，魏、蜀、吴三国各据一方，成鼎足之势。诸葛亮为了完成先主刘备的遗愿，出兵北伐，攻打魏国。

有一天，诸葛亮正在处理事务。忽然，一个士兵慌慌张张地跑了进来："丞相，魏军司马懿带领十五万人马正向这里进发，眼看就要到西城边上了。"

原来，魏军的统领司马懿听说诸葛亮身在西城，就亲自带领大军前来，准备活捉他。诸葛亮这次来西城办事没有大将跟随，身边只有区区五千兵马，并且还分出去一半搬运粮草去了，现在城中只剩下二千五百名士兵。

周围的人听到消息后，个个惊慌失措。诸葛亮却不慌张，反而气定神闲地登上城门，视察敌情。诸葛亮转过身来，传令道："把所有旗帜都藏起来，士兵们原地不动地守备在街道各处。如果有人随便出入或大声说话，格杀勿论！"

他又命人将出入西城的四个大门全部打开，每一个门口派三十名士兵，让他们乔装打扮成平民百姓的样子，沿着街道扫地洒水。诸葛亮披上氅（chǎng），戴上纶巾，坐在城楼上，一边焚起香炉，一边弹起琴来，不见丝毫忐忑之色。

不一会儿，司马懿就带领大军赶到了城门下。司马懿以为诸葛亮看到大军来袭，肯定早已经派重兵把守，严阵以待，怎么会没有人守卫城门呢？司马懿命大军停下，一人骑马亲自前去查看。果然如先前士兵所说，只见诸葛亮端坐于城门楼上，焚香弹琴，神态怡然。城门大开，城门口那二十余名百姓，正旁若无人地低头打扫着路面。司马懿见此情景，认为这可能是陷阱。他闭上眼睛仔细倾听诸葛亮弹琴，只听琴声悠扬，气息平稳。弹奏完一曲后，诸葛亮对城楼下的司马懿说："不知大将军远道而来，有失远迎。我特地打开城门，欢迎将军进城。"司马懿一听，认为诸葛亮在城中设有埋伏，就回到军队之中，让前军充当后军，后军当作前军，向北慢慢撤退。

众人见魏军撤走，不禁感到疑惑。诸葛亮回答："司马懿很了解我，他知道我不会做没有把握的事。今天看到我如此淡定地邀请他进城，他定会怀疑周围有埋伏，所以才急忙撤退了。我们的士兵只有区区两千多人，而他们有十五万大军。如果我们弃城逃跑，肯定还没跑远，就会被他们擒住的。"众人听后，不禁对诸葛亮的智谋更加佩服了。

诸葛亮凭借聪明才智，使用"空城计"骗过了司马懿的大军，躲过一劫。

于细微之处见真知：聪明的王戎

西晋的时候，有一位名士，名叫王戎，是"竹林七贤"之一。王戎自幼聪慧过人，周围人都很喜欢他。

王戎三四岁的时候，有一次元宵节，家人带他去看花灯。家人背着王戎在熙熙攘攘的人群中，挤来挤去。等家人好不容易从人群中挤出来，突然发现王戎不见了。拐走王戎的人背着他走向了一个僻静的小巷里。王戎看到自己在陌生人的背上，心里有些害怕，但还是壮着胆子问："你是谁？"那个人回答："别害怕，我是你家里的下人。"王戎知道自己从来没有见过这个人，心里认定这个人肯定是来拐卖他的。他心里虽然紧张，但是他没有哭也没有闹，而是偷偷地将自己小辫子上的一个红头绳解下来系在贼人的帽子上。

贼人看到王戎不哭不闹，以为自己成功哄住了孩子，就带着他准备回去。可当他们穿过小巷子，来到一条人多的大街时，王戎突然大喊起来："救命啊！有贼啊！"周围的人听到后都看向了王戎，贼顿时吓了一大跳，慌忙丢下王戎，撒腿就跑。正在这时，听到叫喊声的几个巡夜官兵赶来了。看到王戎后就问怎么回事，官兵们立刻按照王戎的描述，找到了那个帽子上系着红头绳的贼。

长大一些后，王戎依然是人小鬼大，经常带着一帮同龄人玩耍。有一次，正值盛夏，王戎和小伙伴们走了一段路，热得快要融化了一般。突然一个小伙伴高兴地指着前方喊道："快看！那是什么？"众人回过头来顺着他手指的方向看去，是一棵李子树。看到眼前突然出现一棵结满果实的李子树，大家认为这下子终于可以好好解解渴了。起初，王戎看到这棵李子树也为能够吃到李子而高兴，但当他发现李子树就长在大路旁边时，一下子又失望了。"大家都别去了，这树上的李子肯定是苦的。"王戎淡淡地说。

"你说李子苦它就苦？你又没尝过。"小伙伴们你一言我一语地数落起王戎来，其他人已经飞奔过去抢李子吃了，结果发现正如王戎先前所说，全都是苦的。

王戎说："你们仔细看一看，这棵李子树是不是长在了大路旁边？大路上经常会有人经过，如果李子是甜的，早就被路人摘光了，怎么会轮得到我们？可是你们看这树上的李子却有那么多，所以肯定是苦的。"小伙伴们听完王戎的解释，纷纷点头，夸他聪明爱思考。

盲目自大：愚蠢的楚人

从前，在楚国有一户人家，由于住的地方离山林比较近，所以常常会受到山林里野兽的侵扰。有一次，一连几日一只狐狸每天都来偷鸡，楚人下决心要把这只狐狸给抓住，但是狡猾的狐狸每次都能从楚人设下的圈套中溜走。后来，有人就告诉他，老虎是百兽之王，可以制作一个老虎模型，借此来抓捕狐狸。楚人听后，认为这是一个好主意，就请人用竹篾给他编了一个老虎模型，又跑到集市上寻得了一张老虎皮蒙在了模型的外面。他将这个栩栩如生的老虎模型放在了狐狸常常光顾的地方。当天夜里，狐狸果然又来偷鸡了，但是它刚一溜进院门就看到眼前突然出现了一只"老虎"，顿时丢了魂儿，一下子就被楚人逮着了。

这家楚人的屋后有一片自家开垦的土地，有一天不知从何处跑来了一头野猪，对楚人的庄稼进行了一顿糟蹋。楚人对野猪恨之入骨。这时他又想起家里还有老虎模型这个法宝，心想着肯定能派上用场。

楚人事先将老虎模型放到田边的草丛里，用来吓野猪，同时又让自己的儿子拿着锋利的钢叉，守候在大路上。不久，野猪果然又来地里找吃的了。野猪看到有那么多人，很害怕，吓得掉头就往田边草丛里钻去。没想到刚跑进草丛就撞见了老虎模型，只好转身又往大路方向逃窜。但是，大路上早有楚人的儿子手里拿着钢叉在等候着它。这只野猪最后也被楚人逮住。

有了两次成功的经历，楚人愈发认为他的老虎模型是世界上最厉害的东西，甚至比真老虎还厉害。自此以后，每逢有客人到楚人家里，楚人都洋洋得意地向众人讲述老虎模型的"丰功伟绩"。

有人说在山林间发现了一种长得像马的野兽，楚人听后想带着自己的老虎模型前去驱赶。楚人的客人是一位见多识广的人，听说他要去驱赶形状似马的野兽，便出面劝阻楚人说："这种长得像马的野兽其实就是罕见的駮（bó），真的老虎见了也要躲避三分，你带着假老虎，只能去送死啊！"可是楚人不听劝告，依然执意要去，认为天下没有野兽不怕自己的老虎模型。

来到山林，楚人信心满满地将自己的老虎模型搬了出来。可那野兽根本就不把这假老虎放在眼里，一爪子下去，楚人连人带模型一起倒在了地上。最后，楚人成了野兽的一顿"美餐"。

"美德" @ 你

"智"告诉我的：_____

_____

_____

第 4 课　时代说 "智"

时代链接

人生为一大事来

——记 "中国天眼之父" 南仁东

"南老师 20 多年只做了这一件事。" 南仁东的同事和学生们如是说。

故事要从 20 多年前说起。1993 年，在日本东京召开的国际无线电科学联盟大会上，科学家们提出，在全球电波环境继续恶化之前，建造新一代射电望远镜，以接收更多来自外太空的讯息。南仁东跟同事说："咱们也建一个吧。"

当时，我国最大的射电望远镜口径只有 30 米，从 30 米到 500 米，这是个太大胆的设想，看好的人寥寥无几——建设这样大口径的射电望远镜已不仅是一个严密的科学工程，还是一个难度巨大的建设工程，涉及天文学、力学、机械工程、结构工程、电子学、测量与控制工程，甚至岩土工程等各个领域，且工程从纸面设计到实际建造和运行，有着十万八千里的距离。

"是否有合适的地方？施工难度怎么克服？" 这是当时人们最为普遍的质疑。从 1994 年开始，年近 50 岁的南仁东开始主持国际大射电望远镜计划的中国推进工作。他大胆提出，利用我国贵州省的喀斯特洼地作为望远镜台址，建设巨型球面望远镜作为国际平方公里阵列射电望远镜（SKA）的单元，并立即启动贵州选址工作。当时，南仁东带着 300 多幅卫星遥感图，跋涉在中国西南的大山里，有的荒山野岭连条小路也没有。从 1994 年开始主持 FAST 项目的选址、立项、可行性研究及初步设计，主导科学目标，指导各项关键技术的研究及其模型试验，历经 22 年，南仁东带领团队最终建成了 "中国天眼"。

2016 年 9 月 25 日，500 米口径球面射电望远镜（FAST）竣工，相当于 30 个足球场的接收面积。如果在国际上做一个横向比较，FAST 与号称"地面最大的机器"的德国波恩 100 米望远镜相比，灵敏度提高约 10 倍；比排在"阿波罗"登月之前、被评为人类 20 世纪十大工程之首的美国"阿雷西博"305 米望远镜，综合性能提高约 10 倍。建造 FAST 的"大窝凼"——几百米的山洼被四面的山体环绕，正好挡住外面的电磁波。这个世界第一大单口径射电望远镜，可以观测脉冲星、中性氢、黑洞等这些宇宙形成时期的信息，以及捕捉来自外星生命的信号。

南仁东先生一生朴素宽厚、淡泊名利、潜心科研，他将全部的心血奉献给了天文科研与技术事业，他为我国天文学发展作出了突出贡献。

学"习"说

面对科技创新发展新趋势，我们必须迎头赶上、奋起直追、力争超越。历史的机遇往往稍纵即逝，我们正面对着推进科技创新的重要历史机遇，机不可失，时不再来，必须紧紧抓住。

——摘自《习近平：坚定不移创新创新再创新　加快创新型国家建设步伐》，2014 年 6 月 9 日，新华网

我的研究

每年中央电视台都有一个颁奖典礼——年度科学盛典，在这个颁奖典礼中，我们认识了很多的科学家，了解了近年来我国的科学成就。如果你有兴趣，可以制作一份新中国成立之后祖国科学发展的大事记表，或者是"我心中的科学家"人物名片。

人物名片

姓名	
主要事迹	
主要成就	
人物评价	

我的梦想

国人对于月球的遐想从来就没有停止过。2004 年，中国正式开展月球探测工程，并命名为"嫦娥工程"。你对嫦娥工程了解多少呢？请课外收集相关资料，可以观看纪录片，浏览中国探月与深空探测网……写下你的"太空梦想"。

我的太空梦想：＿＿＿＿＿＿＿＿＿＿＿＿＿＿＿＿＿

＿＿＿＿＿＿＿＿＿＿＿＿＿＿＿＿＿＿＿＿＿＿＿＿＿

＿＿＿＿＿＿＿＿＿＿＿＿＿＿＿＿＿＿＿＿＿＿＿＿＿

第5课 "和"传千古

礼之用，和为贵，先王之道，斯为美。

——《论语·学而》

君子和而不同，小人同而不和。

——《论语·子路》

天时不如地利，地利不如人和。

——《孟子》

千古佳话

和谐乡里的六个历史典故

1. "六尺巷"的故事

据说清代中期，当朝宰相张英与一位姓叶的侍郎都是安徽桐城人。两家毗邻而居，都要起房造屋，为争地皮，发生了争执。张老夫人便修书上京，要张英出面干预。这位宰相到底见识不凡，看罢来信，立即作诗劝导老夫人："千里家书只为墙，让他三尺又何妨？万里长城今犹在，不见当年秦始皇。"张老夫人见书明理，立即把墙主动退后三尺；叶家见此情景，深感惭愧，也马上把墙让后三尺。这样，张叶两家的院墙之间，就形成了六尺宽的巷道，成了有名的"六尺巷"。

"六尺巷"这件事，弘扬了一种美德，体现了一种胸怀。只有人人学会谦让，人人学会宽容，这个社会才能真正和谐。

2. 罗威饲犊（dú）

汉代有个人叫罗威，邻居家的牛多次吃了他家的庄稼，他和邻居交涉，邻居不予理睬。罗威并没有火冒三丈，而是想，问题的焦点在牛，就从牛身上去寻找解决矛盾的途径吧。于是，每天天不亮他就起床去打青草，然后悄无声息地堆放在邻居家的牛圈前。牛一发现鲜嫩的青草，就大嚼特嚼起来，吃饱了就睡觉，再也不去吃庄稼了。邻居每天起来，总看到牛圈前有一堆青草，颇感纳闷，经观察，知是罗威所为，顿觉愧疚，从此对牛严加看管。"罗威饲犊"的故事也就传为美谈。

3. 司马徽让猪

司马徽是东汉末年一位善于识拔人才的有名学者。有一次，邻居走失了一头猪，因为司马家的猪和他走失的猪相似，就把司马家的误认为是他家的。司马徽并不争辩，说："是你的，你就拿去。"邻居便毫不客气地把猪赶回家。过了几天，邻人从别处找到了自己的猪，抱愧地把误认的猪送还司马徽。司马徽不但没责备他，反而说邻里间发生这类误会并不奇怪，还赞扬他懂道理、知错能改，邻居听了十分感动。

4. 杨翥（zhù）卖驴

明朝礼部尚书杨翥居住在京城，喜欢骑驴代步。他对驴子特别偏爱，他常常不顾家人的劝阻，亲自为驴子擦洗梳理，给驴子喂上等的饲料。关驴子的房子就在他的住房旁边，半夜他总要起床看一两次，生怕那宝贝驴子受什么委屈。

杨翥的邻居是一位老头，快六十岁了，竟然生了个儿子，老来得子，自然倍加疼爱。可是，这孩子有个毛病，一听到杨翥的驴子叫就哭个不停，搞得全家人都不得安宁。眼看那孩子一天天消瘦下去，父母伤透了脑筋，就把这件事告诉了杨翥。杨翥二话没说，忍痛把自己心爱的驴子卖了，外出或上朝都靠步行。

5. 于令仪宽偷

北宋时，曹州有个叫于令仪的人，一生勤劳持家，晚年成了当地有名的富户。但他从不做为富不仁欺压乡邻的事情，而是仁爱为怀，宽厚待人。

一天晚上，有人潜入他家里偷东西，被他的几个儿子抓住了。喊声惊动了正在书房里读书的于令仪，他提着灯笼向这边走来，用灯笼一照，认出这个低着头站在他面前的盗贼竟是邻居的儿子，不禁大吃一惊："你向来是个本分的青年人，从未有不良行为，为什么现在干这种事呢？"邻居的儿子回答说："父亲近来有病，卧床不起，家里穷困请不起医生，不得已走了这条路。"于令仪听后，很是同情，于是问他想要什么。年轻人说："需要十千钱，就可以请医生给父亲治病了。"十千钱对于令仪来说也不是个小数目，但他还是如数给了邻居的儿子。邻居儿子拿了钱刚要走，于令仪又喊住他："你家很穷，现在又是深更半夜，你匆匆忙忙地带这么多钱回家，遇上巡逻查夜的盘问你，你怎么说呢？"于是留他在家里过夜，第二天才让他回家。

事后，邻居的儿子感到十分惭愧，从此改过自新，像于令仪那样宽厚待人，勤俭持家，成了一个好后生。

6. 梁人窃灌

战国时期，梁国有位大夫叫宋就，就任边地县令，辖区与楚国毗邻。梁国和楚国都种瓜。梁人勤于灌溉，种出的瓜又大又甜。楚人却不浇灌，种出的瓜很不像样，他们还在夜间偷偷地跑去祸害梁人的瓜。梁人发觉后，都摩拳擦掌要报复。宋就说："别人做坏事，你也跟着做坏事，这是多么狭隘啊！我教给你们一个办法，趁夜晚去给楚人的瓜地浇水，不要让他们知道了。"梁人依言而行，楚人的瓜也长得丰硕甜美了，楚人大为奇怪，楚王说，这是梁人"阴让"。楚人深受感动，谢以重币，从此两地人的交情愈发深厚。

人与自然的和谐：李冰与都江堰的故事

李冰是我国战国时期杰出的水利工程学家，在秦国负责兴建过几个大的工程，由此受到秦昭襄王的重用。后来秦昭襄王把李冰派到了蜀郡当太守。

李冰到蜀郡后，立即着手了解民情。他看到成都平原广阔无边，土地肥沃，但人烟稀少，开垦的田地也不多，百姓非常贫穷。他很纳闷，就问当地的百姓，了解之后才发现当地时常河水泛滥。他决心要征服这条河流，为当地的老百姓谋福。

他先对岷江流域进行了全面考察，不畏长途跋涉，沿江漂流，几次深入高山密林，追踪岷江的源头，直达岷江与长江的汇合处，收集了关于岷江的第一手材料。李冰想，要消除水患就必须在平原上广修渠道，一则可以泄洪，二则可以灌溉，发展生产。而要使水能灌入渠中，又必须凿开玉垒山，使岷江的水能够东流。

经过周密策划，李冰亲自带领指挥民工在玉垒山凿开了一个二十米宽的口子，称它为"宝瓶口"。然后在江心用构筑分水堰的办法，把江水分做两支，使其中一支流进宝瓶口。堤堰前端开头犹如鱼头，取名叫"鱼嘴"，它迎向岷江上游，把汹涌而来的江水分成东西两股。西股的叫外江，是岷江的正流。东股的叫内江，是灌溉渠系的总干渠，渠首就是宝瓶口。他还亲自规划、修建许多大小沟渠连接宝瓶口，组成一个纵横交错的扇形水网。这就是都江堰的主体工程。

后来，为了进一步控制流入宝瓶口的水量，在鱼嘴分水堰的尾部，又修建了分洪用的平水槽和"飞沙堰"溢洪道。当内江水位过高的时候，洪水就经由平水槽漫过飞沙堰流入外江，可充分保障灌区免遭水淹。同时，由于流入外江的水流的漩涡作用，还有效地冲刷了沉积在宝瓶口前后的泥沙。这些辅助设施使都江堰成为一个宏伟而缜（zhěn）密的系统工程。

李冰为此耗尽了心力，可他还不满足。他还为工程的维护和长久的使用作了考虑，制定了一系列维修和监控办法，有的至今还为人们所沿用。都江堰建成后，成都平原免受水患和旱灾，生产迅速发展起来。

都江堰水利工程为成都平原成为天府之国奠定了坚实的基础。即使到了2000多年后的今天，都江堰依然是人与自然和谐相处的典范，是全世界迄今为止仅存的一项生态工程。

和谐万邦的故事：文成公主进藏

唐太宗贞观十二年，松赞干布率吐蕃大军进攻大唐边城松州，但被唐太宗派军平息。松赞干布只好俯首称臣，他在上书谢罪的同时，还特向唐廷求婚。

唐太宗经过一番考虑，决定答应他的请求，经过两个多月的准备，于贞观十五年隆冬，一支十分可观的送亲队伍便护送文成公主前往吐蕃和亲。

这支队伍，除了携带着丰盛的嫁妆外，还带有大量的书籍、乐器、绢帛和粮食种子；组成成员除文成公主陪嫁的侍婢外，还有一批文士、乐师和农技人员，仿佛是一个"文化访问团"和"农技队"。经过一个多月的顶风冒雪的艰苦跋涉，文成公主一行到了黄河的发源地附近，松赞干布亲自率领的大队迎亲人马也赶到了此处，送亲和迎亲的队伍前呼后拥、威风八面地进入了逻些城，松赞干布与文成公主按照汉族的礼节，举行了盛大的婚礼，逻些城全城民众都为他们的赞普和夫人歌舞庆贺。

不久，一座美轮美奂的宫殿——布达拉宫就建成了，里面屋宇宏伟华丽，一切建制都模仿大唐宫苑的模式。为了与文成公主有更多的共同语言，松赞干布脱下他穿惯的皮裘，换上文成公主亲手为他缝制的丝质唐装，还努力地向文成公主学习汉语，这对异族夫妻，感情融洽，互爱互敬，开始了他们新的生活。

按照传统习惯，吐蕃人每天要用赭色制土涂敷面颊，说是能驱邪避魔，虽说样子十分难看又不舒服，但因是传统习俗，谁也没有提出异议。文成公主到吐蕃后，仔细了解和揣摩了这种习惯，认为这样做毫无道理，又有碍卫生，实在是一项鄙俗的陋习，因此她婉转地向松赞干布提出了自己的看法。松赞干布听了觉得她的话很有道理，立即下令废除这项习俗。最开始一些念旧的吐蕃人很不习惯，但慢慢地都觉得保持自己的本来面目，既方便又好看，大家也就都乐意接受了，他们甚至还十分感激文成公主为他们破除了陈规。

待生活安定下来后，文成公主带来的汉族乐师们开始履行职责，他们为松赞干布和文成公主演奏唐宫最流行的音乐，音乐舒缓优美，使松赞干布大有如闻仙音的感觉。他选拔了一批资质聪慧的少男少女，跟随汉族乐师学习，使汉族的音乐渐渐传遍了吐蕃的领地，流进了吐蕃人的心田。

"美德"@你

> "和"告诉我的:＿＿＿＿＿＿＿＿＿＿＿＿＿＿
>
> ＿＿＿＿＿＿＿＿＿＿＿＿＿＿＿＿＿＿＿＿
>
> ＿＿＿＿＿＿＿＿＿＿＿＿＿＿＿＿＿＿＿＿

第6课　时代说"和"

时代链接

美德少年风采

迪丽娜尔·阿不力克木是新疆阿勒泰地区青河学校的维吾尔族学生。她的奶奶阿尼帕是"全国道德模范"和"自治区道德模范"，一共养育了19个孩子，其中10个孩子是收养的汉族、回族和哈萨克族的孤儿。

奶奶博大的爱在迪丽娜尔幼小的心灵里种下了种子，这个多民族的家庭环境深深影响着她，由此她熟练地掌握了汉语、维语和哈萨克语。青河学校的学生，来自汉族、维吾尔族、哈萨克族、回族、蒙古族等16个民族。在学校里，迪丽娜尔与各族同学都和睦相处，当同学们在学习和生活中遇到困难时，她总是热情地帮助他们，不厌其烦地为他们讲解难题，共同分享学习心得。

在学校组织的"手拉手"活动中，迪丽娜尔与一名哈萨克族小姑娘阿依古丽结成了手拉手小伙伴。阿依古丽的父母都是牧民，听不懂汉语，家庭生活比较困难。迪丽娜尔主动帮阿依古丽辅导功课，耐心地教她汉语，鼓励她大胆地用汉语和别人交谈，并且用自己的零花钱给她买铅笔盒等学习用具。在迪丽娜尔的帮助下，阿依古丽的学习成绩和汉语水平都有了很大提高，还当上了班长。

在青河学校这个多民族的集体，迪丽娜尔如同一名民族团结的小天使。看见同学产生误会，她总会主动做他们的翻译，帮助大家沟通和化解矛盾，为促进各族同学的团结默默地奉献着自己的力量。2012 年，迪丽娜尔·阿不力克木荣获新疆"民族团结好少年"称号。

学"习"说

中华民族历来是爱好和平的民族。中华文化崇尚和谐，中国"和"文化源远流长，蕴涵着天人合一的宇宙观、协和万邦的国际观、和而不同的社会观、人心和善的道德观。在 5000 多年的文明发展中，中华民族一直追求和传承着和平、和睦、和谐的坚定理念。以和为贵，与人为善，己所不欲、勿施于人等理念在中国代代相传，深深植根于中国人的精神中，深深体现在中国人的行为上。

——摘自《习近平在中国国际友好大会暨中国人民对外友好协会成立 60 周年纪念活动上的讲话》，2014 年 5 月 15 日，新华网

观点碰撞

学校组织"关于正确认识校园冲突，有效防范校园暴力，构建和谐校园"的主题辩论交流活动。

正方观点：面对校园欺凌，我们要正面还击。

反方观点：面对校园欺凌，我们不能正面还击。

请你选择其中任意一个观点，写出你的辩论提纲，并在班级进行辩论交流。

辩论提纲

我的观点: _____

我的依据: _____

_____

"画"说和谐

鉴赏

1949 年，著名画家毕加索为世界和平大会创作了素描《和平鸽》，表达了世界人民爱好和平和追求幸福的美好愿望，"和平鸽"作为和平的象征，深受世界人民的喜爱。

设计

联合国大会通过决议，自 2002 年起，每年 9 月 21 日为国际和平日。请你试着为"国际和平日"设计徽标，并说说这样设计的原因。

我设计的"国际和平日"徽标

丝路故事

丝绸之路在古代是一条横贯亚洲、连接欧亚大陆的著名陆上商贸通道。读图，回答问题：

1.上图是历史上著名的丝绸之路的路线图，请指出汉代开辟的东段路线的出发地 A 为＿＿＿＿＿＿＿＿，经过地 B 为＿＿＿＿＿＿＿＿，抵达的两关 C、D 分别为＿＿＿＿＿＿＿＿、＿＿＿＿＿＿＿＿。

2.最早出使西域为开辟丝绸之路作出贡献的人是＿＿＿＿＿＿＿。

3.通过下面的表格，说说"一带一路"比起古代丝绸之路，进步在哪些地方？

	古代丝绸之路	现代"一带一路"
时代背景	农业社会的自然经济	工业化、信息化、经济全球化
范围	亚欧大陆和非洲	全球（包括南北美洲）
经济交流方式	商品输出	商品和资本输出
贸易方式	中转贸易	直接贸易
交通通信方式	人力、畜力、帆船	现代交通技术和现代通信技术

六年级《文化习养》教学过程

主题一 仁

教学目标	通过学习古时候文化名人的小故事，形象生动地理解"仁"的内涵，知道儒家学说的核心"仁"包含的意思。 结合现代社会主义核心价值观的学习，理解"仁"在现代社会的传承。 通过榜样学习的力量，在时代链接里深化，触发人格的养成，努力做到知行合一。
教学重点	理解"仁"字的内涵以及外在表现，对中国传统文化习养产生民族认同感，并且在实际生活中能够践"仁"的学说。
教学方法	采用探究式的方法展开教学。
教学准备	学生准备：收集查找春秋时期的历史背景，了解百家争鸣的历史现象，了解孔子创立的"仁"这一学说。 教师准备：多媒体课件。
教学课时	2 课时。

第 1 课　仁说千古

一、资料交流

师：请大家分享课前收集的有关春秋战国时代的资料，也可以是跟百家争鸣相关的内容。

二、《论语》实录

1. 师：在大家收集的资料中，有不少关于孔子儒家学派的，"仁"这个字一定不陌生了，《论语》中就有不少与"仁"有关的句子，我们的课本中选择了两句，请大家一起读一读。

不仁者，不可以久处约，不可以长处乐。仁者安仁，知者利仁。

——《论语·里仁》

志士仁人，无求生以害仁，有杀身以成仁。

——《论语·卫灵公》

2. 那么何为"仁"呢？"仁"为什么会成为中国文化的核心思想呢？这就是我们本节课要一起去探索的问题。

三、千古佳话

（一）仁政爱民的三个故事

1. 师：让我们一起默读《商汤施仁》《苏东坡的故事》《子罕仁爱不图报》等三个故事。

2. 学生默读。

3. 师：读了这三个故事你们有什么感受吗？

4. 学生交流分享。

5. 关注主要人物。

师：同学们的分享中，我们可以看到，"仁"都是体现在人物的行动之中，是他们行为的准则，他们的一言一行，都在践行着"仁爱"。

6. 让我们通过一段话来看看什么是"仁"。

> 仁，rén，从人从二。从人，表示一个站立的人。从二，表示：
>
> （1）代表数目字，复数。指不仅是我一个人，还有我以外的很多人。老吾老以及人之老，幼吾幼以及人之幼，将心比心对待每一个人。
>
> （2）代表天、地，指做人要效法天地。合在一起代表天、人、地三才。仁字从二不从三，即要化掉人心，只怀天地心，以天性善良、地德忠厚的心来为人处事，有博爱心、包容心，自会产生仁爱心。这是个人自我提升之道。

（二）不仁必遭厄运

1. 师：请默读第四个故事《不仁必遭厄运》。

2. 学生自主阅读蔡京的故事，并在小组内分享感受。

A 层次学生分享看法；B 层次学生补充或者反驳；C 层次学生记录总结，组织交流。

四、美德 @ 你

1. 师：你们还听过或者读到过哪些历史人物跟"仁"有关的故事吗？

2. 学生回忆并分享。

3. 师：文章之后有一个小表格，请你填写完整。内容可以是你对于"仁"的认识，也可以是你对课本上某个故事的读后感，又或者是你践行"仁"的计划。

4. 学生现场书写。

5. 师生交流分享。

第 2 课　时代说 "仁"

一、复习上节课内容

1. "仁" 是春秋时代才出现的新名词。据统计，在《尚书》中，"仁"字出现 1 次；在《诗经》中，"仁"字出现 2 次；在《国语》中，"仁"字出现 24 次；在《左传》中，"仁"字出现 33 次；在《论语》20 篇中，"仁"字出现 109 次。大致可以看出，时间愈靠后，"仁" 被提及的次数愈多。到孔子生活的时期，"仁" 的内涵愈来愈复杂，地位愈来愈高。孔子把 "仁" 视为较高的道德原则、道德标准和道德境界。"仁" 成为儒家道德伦理中一个关键词汇，内涵是非常丰富的。

2. 回顾《论语》中的 "仁"。

（1）颜渊问仁。子曰："克己复礼为仁。一日克己复礼，天下归仁焉。为仁由己，而由人乎哉？"

（2）孝弟也者，其为仁之本与！

（3）子曰：人而不仁，如礼何？人而不仁，如乐何？

仁是礼的基础、内核。周公确立的礼乐制度，一方面因当时阶级的限制，只限于贵族而不能下逮于庶人；另一方面，即使是对贵族自身而言，礼也只起到区分尊卑等级和节制调和的作用。这是外在的约束和规范。而孔子继承周公之后最大的贡献，就是强调了 "仁" 的意义，这是人自觉的反省。今天，我们来学习《仁者爱人》，以进一步探究 "仁" 的内涵。

二、阅读时代链接

1. 了解《医者钟南山》的事迹。

2. 资料分享，了解非典。

SARS 事件是指于 2002 年在中国广东首发，并扩散至东南亚乃至全球的严重急性呼吸综合征所引发的一系列事件。SARS 是直至 2003 年中期才被逐渐消灭的一次全球性传染病疫潮。在此期间发生了一系列事件，引起社会恐慌：包括医务人员在内的多名患者死亡，世界各国对该病的处理，疾病的命名，病原微生物的发现及命名，联合国、世界卫生组织及媒体的关注，等等。

3. 知道钟南山。

钟南山，男，汉族，福建厦门人，1936 年 10 月出生于江苏南京，中共党员，中国工程院院士，著名呼吸病学专家，中国抗击非典型肺炎的领军人物，曾任广州医学院院长、党委书记，广州市呼吸疾病研究所所长，广州呼吸疾病国家重点实验室主任，中华医学会会长。

4. 分享对这则材料的感受或者看法。

A 层次学生分享看法；B 层次学生补充或者反驳；C 层次学生记录总结，组织交流。

三、学"习"说

长期以来，我国广大医务人员响应党的号召，弘扬敬佑生命、救死扶伤、甘于奉献、大爱无疆的精神，全心全意为人民健康服务，在疾病预防治疗、医学人才培养、医学科技发展等方面发挥了重要作用并取得了丰硕成果，涌现出一大批医学大家和人民好医生。特别是在面对重大传染病威胁、抗击重大自然灾害时，广大医务人员临危不惧、义无反顾、勇往直前、舍己救人，赢得了全社会高度赞誉。

——摘自《习近平对首个"中国医师节"作出重要指示》，2018 年8 月 17 日，新华社

1. 学生分享收集到的资料：

无言的震撼：当代中国的仁者

感动中国 2004 年度人物获奖者——袁隆平

他是一位真正的耕耘者。当他还是一个乡村教师的时候，已经具有颠覆世界权威的胆识；当他名满天下的时候，却仍然只是专注于田畴，淡泊名利，一介农夫，播撒智慧，收获富足。他毕生的梦想，就是让所有的人远离饥饿。喜看稻菽千重浪，最是风流袁隆平。

感动中国 2004 年度人物获奖者——徐本禹

如果眼泪是一种财富，徐本禹就是一个富有的人，在过去的一年里，他让我们泪流满面。他从繁华的城市，走进大山深处，用一个刚刚毕业的大学生稚嫩的肩膀，扛住了倾颓的教室，扛住了贫穷和孤独，扛起了本来不属于他的责任。也许一个人的力量还不能让孩子眼睛铺满阳光，并被期待着。徐本禹点亮了火把，刺痛了我们的眼睛。

感动中国 2005 年度人物获奖者——丛飞

从看到失学儿童的第一眼到被死神眷顾之前，他把所有的时间都给了那些需要帮助的孩子，没有丝毫保留，甚至不惜向生命借贷，他曾经用舞台构筑课堂，用歌声点亮希望。今天他的歌喉也许不如往昔嘹亮，却赢得了最饱含敬意的喝彩。

感动中国 2005 年度人物获奖者——李春燕

她是大山里最后的赤脚医生，提着篮子在田垄里行医，一间四壁透风的竹楼，成了天下最温暖的医院，一副瘦弱的肩膀，担负起十里八乡的健康，她是迁徙的候鸟，她是照亮苗乡的月亮。

感动中国 2006 年度人物获奖者——华益慰

不拿一分钱，不出一个错，这种极限境界，非有神圣信仰不能达到。他是医术高超与人格高尚的完美结合。他用尽心血，不负生命的嘱托。

感动中国 2006 年度人物获奖者——霍英东

生于忧患，以自强不息成就人生传奇。逝于安乐，用赤诚赢得生前身后名。他有这样的财富观：民族大义高于金钱，赤子之心胜于财富。他有这样的境界：达则兼济天下。

感动中国 2006 年度人物获奖者——林秀贞

用 30 载爱心让一村之中老有所终，幼有所长，鳏寡孤独废疾者皆有所养。富人做这等事是慈善，穷人做这等事是圣贤，官员做这等事是本分，农民做这等事是伟人。这位农妇让九州动容。

2. 学生分享感受。

四、我的采访

1. 寻找校园中的"仁"代表。
2. 完成采访记录表。

五、总结

爱人者，人恒爱之；敬人者，人恒敬之。
大音希声，大象无形，大爱无边！
愿我们都能成为一个人敬人爱的仁者！

主题二　智

教学目标	通过学习中国古代关于"智慧"的四则小故事，体会中华民族深厚的文化积淀，增强民族认同感，激发热爱、传承和弘扬中华优秀传统文化的思想感情。
教学重点	学习中国古代关于"智慧"的四则小故事。了解这四则小故事告诉我们的道理，给我们的启发。
教学方法	采用探究式的方法展开教学。
教学准备	学生准备：收集古人与"智慧"相关的小故事，对故事的意思进行学习和理解。 教师准备："智"活动相关材料、多媒体课件等。
教学课时	2 课时。

第 3 课　"智"传千古

一、善思好问：学习《小项橐三难孔夫子》故事

谁能说出项橐三难孔子的故事？

项橐是怎么考孔子的？

你觉得他说得有道理吗？

你有什么感想呢？与同学们分享交流。

孔子认为项橐是一个聪明的孩子，他的聪明表现在哪些地方？

孔子拜项橐为师的故事告诉我们一个什么道理？

二、智勇双全：学习《诸葛亮智退敌军》故事

诸葛亮智退司马懿的起因是什么？

诸葛亮智退司马懿用的是什么计？

仔细阅读短文并结合你的积累，简单介绍一下诸葛亮。（A 层次学生回答）

三、于细微之处见真知：学习《聪明的王戎》故事

王戎的聪明表现在哪些地方？

表现王戎机智聪明的句子有哪些？

四、切勿盲目自大：学习《愚蠢的楚人》故事

楚人很愚蠢，请找出能表现他愚蠢的典型细节。

楚人的愚蠢是由什么造成的？

这个故事告诉我们一个什么道理？

五、布置作业

1. 学习了这一课，你懂得了中国古代人关于"智"的哪些方面？（必做）

2. 你还知道哪些关于"智慧"的名言？（选做）

六、板书设计

"智"传千古

善思好问

智勇双全

于细微之处见真知

切勿盲目自大

第4课 时代说"智"

一、学习《人生为一大事来——记"中国天眼之父"南仁东》

学习南仁东的故事，思考："中国天眼之父"南仁东病逝给天文界带来了哪些损失？

二、学"习"说

面对科技创新发展新趋势，我们必须迎头赶上、奋起直追、力争超越。历史的机遇往往稍纵即逝，我们正面对着推进科技创新的重要历史机遇，机不可失，时不再来，必须紧紧抓住。

——摘自《习近平：坚定不移创新创新再创新 加快创新型国家建设步伐》，2014年6月9日，新华网

三、我的研究

每年中央电视台都有一个颁奖典礼——年度科学盛典，在这个颁奖典礼中，我们认识了很多的科学家，了解了近年来我国的科学成就。如果你有兴趣，可以制作一份新中国成立之后祖国科学发展的大事记表和"我心中的科学家"人物名片。（A、B层次学生完成，对C层次学生不做要求）

人物名片

姓名	
主要事迹	
主要成就	
人物评价	

四、布置作业

国人对于月球的遐想从来就没有停止过。2004 年，中国正式开展月球探测工程，并命名为"嫦娥工程"。你对嫦娥工程了解多少呢？请收集相关资料，可以观看纪录片，浏览中国探月与深空探测网……写下你的"太空梦想"。（A、B 层次学生必做，C 层次学生选做）

五、板书设计

时代说"智"

人生为一大事来

推进科技创新

我的太空梦想

主题三　和

教学目标	通过学习中国古代关于"和"的小故事，体会中华民族深厚的文化积淀，增强民族认同感，激发热爱、传承和弘扬中华优秀传统文化的思想感情。通过开展这次活动，弘扬中华传统美德，培养学生"和"的理念和能力，提高"和"的意识和认识，达到"和谐"的目的。
教学重点	收集"和为贵"这方面的事例，探寻"和为贵"的真谛。利用工具书和网络，理解"和"与"同"的区别。探究"和而不同"在当下的意义。
教学方法	采用探究式的方法展开教学。
教学准备	学生准备：学生阅读教材"以和为贵"部分，理解相关的知识；学生利用工具书和网络收集"和为贵"相关知识，有关"和"的成语、俗语，与"和"相关的故事，"和"文化的内涵。 　　教师准备：教师充分利用各种音像素材制作与"和"相关的多媒体课件。
教学课时	2 课时。

第 5 课　"和"传千古

一、创境导入

　　中国历来有和气致祥、和衷共济、和蔼可亲、和气生财、琴瑟和谐等富有哲理的成语。同学们发现没有，在这些含义丰富的词语中都包含了一个"和"字，"和"到底是什么？对我们传统文化的影响为何如此巨大？"和"文化在今天又被赋予了怎样的含义？让我们一起走进今天的综合性学习活动，谈谈"以和为贵"！

二、出示学习目标

见多媒体课件。

三、开展活动

活动一：讲"和"故事

教师先引入故事，鼓励学生将自己收集的故事也大声分享出来。

教师朗读《罗威饲犊》：

汉代有个人叫罗威，邻居家的牛多次吃了他家的庄稼，他和邻居交涉，邻居不予理睬。罗威并没有火冒三丈，而是想，问题的焦点在牛，就从牛身上去寻找解决矛盾的途径吧。于是，每天天不亮他就起床去打青草，然后悄无声息地堆放在邻居家的牛圈前。牛一闻到鲜嫩的青草，就大嚼特嚼起来，吃饱了就睡觉，再也不去吃庄稼了。邻居每天起来，总看到牛圈前有一堆青草，颇感纳闷，经观察，知是罗威所为，顿觉愧疚，从此对牛严加看管。"罗威饲犊"的故事也就传为美谈。

师：老师讲的故事就是《罗威饲犊》，那我们"下一棒"谁来讲呢？

学生朗读《司马徽让猪》：

司马徽是东汉末年一位善于识拔人才的有名学者。有一次，邻居走失了一头猪，因为司马家的猪和他走失的猪相似，就把司马家的误认为是他家的。司马徽并不争辩，说："是你的，你就拿去。"邻居便毫不客气地把猪赶回家。过了几天，邻人从别处找到了自己的猪，抱愧地把误认的猪送还司马徽。司马徽不但没责备他，反而说邻里间发生这类误会并不奇怪，还赞扬他懂道理、知错能改。邻居听了十分感动。

学生朗读《"六尺巷"的故事》，具体故事内容见多媒体。

学生朗读《于令仪宽偷》，具体故事内容见多媒体。

教师小结：同学们一起分享了这些"和"的故事，和善、和谐也是中华文化的重要内涵。在孔子的思想体系中，有两个观点极具现实价值：一个是"己所不欲，勿施于人"，另一个就是"君子和而不同"。在人与人、人与自然的关系上，中国传统文化历来主张平衡和谐，"以和为贵"是中国文化的基本价值取向，"君子和而不同"正是对"和"这一理念的具体阐发。

活动二：探"和"之义

1. 孔子说："君子和而不同，小人同而不和。"其中"和而不同"的思想，不仅是一种人际交往的方式，更是一种对待世界的哲学态度。"和而不同"已经成为中华民族传统文化的核心命题之一。利用工具书和网络查找"和""同"的相关资料，讨论"和"与"同"的区别。古人论述"和而不同"的思路是怎样的？"和而不同"在当下有什么意义？

交流点拨："君子和而不同，小人同而不和"的意思是：君子和谐相处却不盲目苟同；小人盲目苟同却不和谐相处。"和"是互相补充配合但不失去自我；"同"是完全一样没有自我。用现代哲学的话来说，"和"是矛盾的统一，"同"是绝对的同一。

2. "和"的内涵是丰富的，古代经典中对"和"的论述也涉及多个方面，学生自行收集资料，理解"和"多样化的思想内涵，并尝试用几个关键词概括"和"的含义。

3. 各组讨论、交流、相互补充。班长、语文课代表整理同学们的发言，汇总后放入本次综合性学习档案。

从哲学意义上讲，"和"是和谐，是统一，"同"是相同，是一致；"和"是抽象的，内在的，"同"是具体的，外在的。"和而不同"，就是追求内在的和谐统一，而不是表象上的相同和一致。那么，怎样才能达成"和"的局面呢？实际上，孔子已为我们指明了答案——"不同"，也就是不强求一致，不重复他人。只有在大目标不冲突的前提下，承认差异，包容差异，乃至尊重差异，才能化解矛盾，共存共荣。

4. 由"和"故事联想到现在我们所提的"和"文化。

"和"文化也是和谐文化，是以和谐的内涵为理论基础的文化体系，是中国乃至当今世界最先进的思想文化之一，是创建和谐社会的前提条件。只有在和谐文化的引导下，才能创造出和谐的政治与和谐的经济；只有用和谐文化培养出来的人，才能自觉地去创建和谐社会。

活动三：寻"和"之用

1. 战国时有"将相和"的美谈，清朝康熙年间又有"六尺巷"的故事，"以和为贵"的故事层出不穷，和和睦睦是我们社会和谐的追求，请你就这些故事谈谈你对"和"的社会意义的理解。

"和"的思想，在我们生活当中多用于调和人际关系，解决各种纠纷，大到国家安全问题，小到校园学生之间的摩擦，林林总总，归结为一句俗语，即"和为贵"。"和"在生活中是"和睦""和气"等意义，不管是"将相和"，还是"六尺巷"，对我们为人处世都有很大的启发意义。

2. 我们在学习和生活中，不可避免会有观点的交锋。相持不下时，有些同学会恶语伤人，最后不欢而散。思考如何从"和而不同""和为贵"的思想中汲取智慧，全班合作，制订几条"班级议事规则"。在教师指导下，以大家都比较感兴趣的一些新闻事件为话题，在班上组织一次时事讨论后，大家以"和而不同"为理念，一起讨论问题，互相启发，共同受益。

3. 活动步骤：

（1）将全班同学分为三组，设置三个话题，每个小组选取一个话题。

（2）通过报刊、广播、电视、互联网等收集并阅读与该话题有关的新闻报道及评论。仔细思考，形成自己的认识。

（3）小组内讨论、交流。观点一致的同学结成伙伴，共同整理资料，深入交流，最后推荐一名同学参加时事讨论会。被推荐的同学组成该话题的时事讨论组，另外推荐一名讨论会主持人。

（4）在班上举办时事讨论会。讨论会可分为三个时段，每个时段一个话题。由该话题组的时事讨论会成员及主持人共同完成。讨论时注意遵守之前制订的"班级议事规则"。

（5）时事讨论会期间，主持人可根据情况，随机邀请听众参与讨论。

（6）其他同学在旁听讨论会时要认真，并仔细观察讨论会成员的表现，选出你认为表现最佳的同学，并说明选他的理由。

四、布置作业

1. 学习关于"和"的古代名言，读一读，想一想，以下名言都倡导一种怎样的精神？（A、B 层次学生完成）

礼之用，和为贵。先王之道，斯为美。——《论语·学而》

君子和而不同，小人同而不和。——《论语·子路》

天时不如地利，地利不如人和。——《孟子》

2. 学习《李冰修建都江堰的故事》。（A、B、C 层次学生完成）

3. 学习《文成公主进藏》。（A、B、C 层次学生完成）

五、板书设计

"和"传千古

君子和而不同

第 6 课 时代说"和"

一、学习"美德少年风采"

阅读"美德少年风采"，向迪丽娜尔·阿不力克木学习。

二、学"习"说

中华民族历来是爱好和平的民族。中华文化崇尚和谐，中国"和"文化源远流长，蕴涵着天人合一的宇宙观、协和万邦的国际观、和而不同的社会观、人心和善的道德观。在5000多年的文明发展中，中华民族一直追求和传承着和平、和睦、和谐的坚定理念。以和为贵，与人为善，己所不欲、勿施于人等理念在中国代代相传，深深植根于中国人的精神中，深深体现在中国人的行为上。

——摘自《习近平在中国国际友好大会暨中国人民对外友好协会成立60周年纪念活动上的讲话》，2014年5月15日，新华网

三、观点碰撞

学校组织关于"正确认识校园冲突，有效防范校园暴力，构建和谐校园"的主题辩论交流活动。

请你选择其中任意一个观点，写出你的辩论提纲，并在班级进行辩论交流。

辩题：

面对校园欺凌，我们要正面还击。

面对校园欺凌，我们不能正面还击。

我的观点：_____

我的依据：_____

四、画说和谐

鉴赏毕加索为世界和平大会创作的素描《和平鸽》。

1949年，毕加索为世界和平大会创作素描《和平鸽》，表达了世界人

民爱好和平和追求幸福的美好愿望，"和平鸽"作为和平的象征，深受世界人民的喜爱。

五、设计："国际和平日"徽标

联合国大会通过决议，自 2020 年起，每年 9 月 21 日为国际和平日。请你试着为"国际和平日"设计徽标，并说说这样设计的原因。

六、学习"丝路故事"

丝绸之路在古代是一条横贯亚洲、连接欧亚大陆的著名陆上商贸通道。

七、布置作业

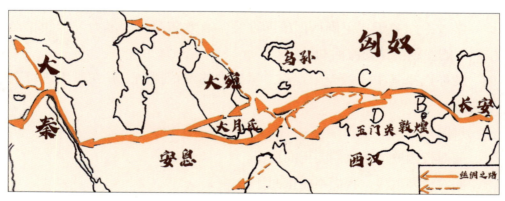

读图，回答问题：（A、B 层次学生回答，C 层次学生学习）

1. 上图是历史上著名的丝绸之路的路线图，请指出汉代开辟的东段路线的出发地 A 为＿＿＿＿＿＿＿＿＿＿，经过地 B 为＿＿＿＿＿＿＿＿＿＿，抵达的两关 C、D 分别为＿＿＿＿＿＿＿＿＿＿＿、＿＿＿＿＿＿＿＿＿＿。

2. 最早出使西域为开辟丝绸之路作出贡献的人是＿＿＿＿＿＿＿＿＿。

3. 通过下面的表格，说说"一带一路"比起古代丝绸之路，进步在哪些地方?

	古代丝绸之路	现代"一带一路"
时代背景	农业社会的自然经济	工业化、信息化、经济全球化
范围	亚欧大陆和非洲	全球(包括南北美洲)
经济交流方式	商品输出	商品和资本输出
贸易方式	中转贸易	直接贸易
交通通信方式	人力、畜力、帆船	现代交通技术和现代通信技术